北 京

图书在版编目（CIP）数据

微商招商运营全案：实用技巧、销售话术及案例分享 / 文乐著．
北京：中国经济出版社，2017.5（2024.1 重印）
ISBN 978 - 7 - 5136 - 4649 - 9

Ⅰ.①微… Ⅱ.①文… Ⅲ.①网络营销 Ⅳ.①F713.365.2

中国版本图书馆 CIP 数据核字（2017）第 059748 号

责任编辑　牛慧珍
责任印制　马小宾
封面设计　任燕飞

出版发行　中国经济出版社
印 刷 者　永清县晔盛亚胶印有限公司
经 销 者　各地新华书店
开　　本　710mm × 1000mm　1/16
印　　张　16
字　　数　198 千字
版　　次　2017 年 5 月第 1 版
印　　次　2024 年 1 月第 2 次
定　　价　88.00 元
广告经营许可证　京西工商广字第 8179 号

中国经济出版社　**网址** www.economyph.com　**社址** 北京市东城区安定门外大街 58 号　**邮编** 100011
本版图书如存在印装质量问题，请与本社销售中心联系调换（联系电话：010 - 57512564）

前言 PREFACE

不知不觉，智能手机已问世那么久了；

不知不觉，微信也诞生那么久了；

不知不觉，微信已从当年身处米聊、陌陌、飞信、LINE 等海内外高手环伺中突出重围，拔剑四顾心茫然，找个对手已很难；

不知不觉，微信用户已遍及全球，多达数亿，且每分每秒都在增加中……

我相信，正在翻看这本书的您也是微信用户之一。毕竟，无论是微聊、交友、学习，还是娱乐、支付，或者申请微信公众号，经营自己的自媒体，微信都以其强大的功能，深深地植入了我们的生活。

但是，如果你对微信的理解、应用仅限于此，那么说明你还不了解微信。

因为微信还有一个更重要的功能，用优歌网 CEO 凌远强的话说，就是微信为垂直电商移动化提供了契机。微信的很多功能都不单单是为了方便人们沟通那么简单，而是基于给用户创造更多的商业价值。这也正如“微信之父”张小龙所说：“我特别希望，微信能帮助到个人，让个人能发光。一个人只要有一点点想法，就可以有100个读者。哪怕是一个盲人，只要有一技之长，比如按摩，也能通过微信找到他的100个顾客而生存下去。那么这个盲人，也可以有自己的品牌、自己的粉丝群、自己的客户。”

有人说，你说了半天，不就是说微商吗？

没错。

无论您目前怎样看待微商，也无论您以后是不是做微商，无可否认，微商恰如微信的嫁妆，从你选择微信的那一刻，它便会如影随形地跟随你。你可以对它恼怒，也可以享受它带给你的方便，同时还可以选择自己也成为一名微商。往小里说，你可以在自用产品的同时赚点零花钱；往大里讲，你可以把它当成一份事业经营。关于它的优势，相信大家也早有所耳闻。

毫不夸张地说，微商是我们追赶财富浪潮的最后契机。这并不是单纯地自卖自夸，而是建立在中国的国情及时代特色之上的。这些年来，突飞猛进的中国经济每上一个台阶，就会造就一大批先富起来的人。除了少数人拥有极高的天分与专业知识，大多数人只不过是在迷茫中迈出了勇敢的一步，恰到好处地站在了风口浪尖上，顺应了时代的发展。

在股市方兴未艾之际，炒股都能赚钱；在房市刚刚兴起之时，买房都能赚钱……但由于各种各样的原因，我们错过了，而机会一去不复返。不过谁也不能否认，随着以微信为主体的各种微平台的出现，我们的生活方式也在不知不觉中发生了巨大变化，中国正悄然步入“微时代”。

巨大的变化中必有巨大的商机。这种巨大的商机不是隐含其中，而是已经为众多成功的微商所证明了的。当然，成功的微商人人相

似，不成功的微商个个不同。为什么同样是人，同样是做微商，起点也差不多，卖的产品也没有什么本质上的区别，他就能成功，我就不能成功？这一定是很多人想不通的问题。

答案就在这本书里。

你是不是已代理了某款产品，也通过现有渠道获取了一些资源，却不知道如何变现，只能眼睁睁地看着每天都有一批新人关注，都有一批老朋友退出，而为此伤透了脑筋？

你是不是已经建立起了自己的小团队，却还停留在空架子的基础上，一不会管理，二不会推广，三没有粉丝，四没有转化成客户和销售？

在《微商招商运营全案——实用技巧、销售话术及案例分享》中，我会立足于自身经验，立足于实践，为大家系统讲解关于微商的诸多层面，从心态到行动，从微信到QQ，从打粉到地推，从二维码到朋友圈，从公众号运营到销售话术……最重要的一点，我们这本书以团队打造为核心，为什么？因为不以团队打造为核心，不立足于招商，永远做不大，永远做不强。只有立足团队作战而不是单打独斗，你的力量才不会微薄，成功才能以最快的速度跑到你面前。

关于微营销，关于微商，多久都说不完，一来因为我多年来始终在从事微营销培训管理工作，身上的、手边的案例数不胜数；二来微商行业正在突飞猛进地发展，一天一个变化，有说不完的话题，讲不完的传奇。在从事微商品牌运营管理工作当中，我不可避免地要对自己的培训师及所有层级代理进行培训，此外我还经常给一些外部微商团队进行培训，但这种传播方式终究是有限的，也往往是碎片化的。毋庸讳言，对于我来讲，写这么一本书，仅从经济的角度看是绝对不划算的。但如果仅仅考虑经济因素，就成就不了更多

的成功微商。一个人成功不是成功，“独乐乐不如众乐乐”，抱着分享的态度，抱着探讨的态度，我把以往的培训资料加以整理，并进行了必要的扩充与深挖，从而有了这本书的问世。

多余的话就不必说了。这本书绝对是我自己多年培训管理总结的良心之作，我在这里期待大家读完本书后，给它打出一个良心分。

文　乐

2016 年 12 月 29 日

目录 CONTENTS

第一章 不做微商，就做“危商”

1. 要么电子商务，要么无商可务

让我们从“互联网+”这个概念谈起。

对于“互联网+”，应该没有人会陌生，不过很多人都会有所疑虑：互联网不是早就有了吗？“互联网+”也不是什么新鲜事儿，马云很早就开始搞网上销售了，这个地球人都知道，现在老话重提，有意思吗？

其实，彼时的互联网与今天的互联网，绝不可同日而语。当时的互联网，主要是针对PC端，也就是台式电脑而言；现在，则是移动互联网，也就是智能手机时代了。

在智能手机时代，手机绝不仅仅是通信工具。

早在2012年，在移动开发者大会上，腾讯掌门人马化腾就传递出了这样的消息：“腾讯正在将开放战略推向移动互联网。”而今，腾讯推出的移动互联网应用软件——微信，早已人尽皆知，可以毫不夸张地说，它也是互联网应用史上最为成功的产品，没有之一。

微信的成功，源于它是一个功能强大的开放平台，更在于它是一个可以为用户提供改变自身命运机会的平台。

比尔·盖茨早就说过："21 世纪，要么电子商务，要么无商可务。"阿里巴巴创始人马云也早就讲过："现在你不做电子商务，5 年之后你必定会后悔。"就事论事，二人的话有些绝对，理智来看，无论互联网营销如何发展，在可以预见的未来，它都不可能完全取代传统的线下销售。但是，他们的话也在很大程度上反映出未来的趋势。或者说，这种趋势早就深刻地反映与体现在了我们的现实生活中。事实证明，这是一种伟大的预见，是经得起检验的先知先觉。

哲人说，世上只有三种人：先知先觉者、后知后觉者、不知不觉者。网络时代的文化牛人们根据这三句话衍生、总结出了很多小故事大道理，虽有些泛滥，但不失为至理名言，这里不妨摘录几句：

先知先觉是智者，后知后觉是愚者，不知不觉是弱者。

先知先觉经营者，后知后觉跟随者，不知不觉消费者。

先知先觉改变一生，后知后觉遗憾一生，不知不觉荒废一生。

先知先觉者创造机会，后知后觉者抓住机会，不知不觉者失去机会。

先知先觉者吃肉，后知后觉者啃骨头，不知不觉者喝西北风。

先知先觉先赚钱，后知后觉后赚钱，不知不觉不赚钱。

马云讲过一个真实的案例：

当年我刚搞出淘宝时，我告诉一位做皮具的老板说："把你的生意放到网上来做吧。"他说："我先看看。"过了三四年，我再次告诉他同样的话。他说："有时间再说吧。"又过了两年，他自己来找我说："我的生意都让网上那些小孩儿抢走了。"我还能说什么呢？我用两只手握住他的手说："一只手是机会，一只手是方法，机会是网络，方法是网络营销。"

现在，马云都吵着闹着要退休了，身价也是中国福布斯第二了，再也不是当年的“骗子马云”“疯子马云”了。但是他说：“我开始害怕微信了。”

当然，我们不能简单解读马云所说的“怕”字。我更愿意把它解读为一种危机感，一种战战兢兢、如履薄冰的企业家必备的危机心态。微信早就从淘宝的大蛋糕中切下了大大的一块，这是不争的事实。至于以后怎么切，马云或者腾讯其他的竞争对手会有哪些后续动作，我们拭目以待，现阶段的当务之急，就是充分利用以微信为主的微平台，做一个紧跟先知先觉者的人，做一个成功的微商。

2. 微时代，要做就做微商

“我们做微商不仅仅是为了赚钱，还是一种生活方式！”——很多朋友可能都听说过这句话，或者我们自己就说过这句话。

在这里我想说的是：少说些虚头巴脑的话，多说些大实话！做微商不是搞文学创作，不能太浪漫主义。我们都是活生生的人，在这个不可以男耕女织、自给自足的现代社会中，都首先是个消费者。不赚钱，拿什么消费？无论什么样的生活方式，不以赚钱为前提，时间长了都会让人退避三舍。当然，我也不否认做微商确实是一种生活方式，但还是那句话：要以赚钱为前提。

我认为，人们之所以会说也爱说“做微商是一种生活方式”之类的话，是受我们这个民族长期以来都存在着并且现在依然存在着的以赚钱为耻、以炫富为耻的文化基因影响使然。诸如“君子喻于义，小人喻于利”“富贵于我如浮云”之类的先哲名言，大家从小就背，从小便铭记于心。直到近些年，人们才对金钱与财富有了相对正确的认知，即只要赚得合情合理合法，合乎道德，那么就算赚再多，也完全不必不好意思。当然，有些人比较异类，骨子里就是赤裸裸的拜金主义，但问题在于：赚钱有赚钱的规律，经商有经商的哲学，做生意有做生意的门道，并不是你拜金，金子就对你微笑。如果你没有相应的素养与能力，它只会嘲笑你。

如前所述，现在是移动互联网时代，是以微信、微博、微电影、微淘等为代表的无“微”不至的微时代。有人甚至说，移动互联网技术相当于第四次工业革命，它究竟算不算，又在多大程度上算是第四次工业革命，这里姑且不论。一个不争的事实是，各类微平台早已通过改变我们而改变了世界。与其说做微商是一种生活方式，不如说由于微信等微平台横空出世，我们必须改变以往的生活方式。

时代在变，人不能不变。

变，至少是个后知后觉者，踩着先知先觉者的足迹前进。

不变，只能是不知不觉者，而且是不知不觉的失败者。

下面，我讲个真实的案例。

上周我刚跟一位朋友通过电话，他是做皮鞋生意的，经营传统的实体店，店面在南方某城某商场。我打电话问他，最近生意如何。不用说，我或多或少能预估出他不会太好，因为现在微商、网商流行，实体生意越来越难做，不只是他一个人，而是整体趋势。果不其然，对方的答案是不好。我问他接下来有什么打算，比如开网店、做微商之类，至少也要搞个O2O模式，先以线下带线上，再以线上带线下。结果，他完全没有这方面的想法，并且告诉我，他们这行是靠天吃饭。我非常诧异：“你又不是农民，怎么还靠天吃饭了？”他说：“比如说吧，冬天到了，我囤了一大批棉鞋，但最近南方温度偏高，谁也不买靴子。要是老天可怜，就给我下一场大雪吧。”说到这儿，他还唱起来了：“2016年的第一场雪，比以往时候来得更晚一些……”

关于我这位朋友的歌喉，略过不提，重点在于，如果他做的是微商，他不就不必靠天吃饭了吗？不受地域、季节的影响，只是做微商的优势之一。有些微商把生意都做到了国外，做全球的生意，无须困守一隅。

这或许不是最好的例子，但绝对是个值得警醒的例子。

人们，尤其是那些后知后觉者，经常用“来势汹汹”来形容互联网尤其是移动互联网的发展势头。其实，存在即合理。从网络出现到现在，虽然只有短短十几二十年的时间，但它早已渗透进了社会机体的每一根毛细血管中。就像现代人遇到停电会很不适应一样，让业已成型的互联网完全退出人们的生活，也是不能被接受的。在未来，已经发展到移动互联网时代的互联网也必将渗透进社会的每一个细胞，抗拒无效。更何况我们完全没必要抗拒这种潮流，我们应该做的是加入其中，在合适的时机，找到合适的位置。

总而言之，不做微商，就做“危商”。是危机，还是机会，看你自己把握。

3. 做微商，有前景，更有钱景

做微商真的不太难。业内有句话：也许你真的不适合做微商，但你不适合做微商的话，基本上也就不会适合做任何事情了。

从业门槛低，这是微商的优势所在。不可否认，目前仍有些人对微商人抱持歧视心态，总戴着“有色眼镜”看人。没错，从事微商的人群主要有工资较低的人士、大学生或者宝妈，但英雄不问出处，刘备当初还卖过草鞋呢！财富英雄就更加不问出处。反过来，我们应该反思一下：为什么这些人愿意从事微商呢？很简单：工资较低者，经济与时间都不自由；大学生嫌自己那么大了还不能赚钱，而且也没钱花；宝妈们觉得自己因为带小孩，没时间赚钱，同时又要花钱，整个家庭未来也需要不少钱……从这个角度看，不难发现，微商是一个多么伟大的行业，解决了多少人的现实问题！

更重要的是，微商虽然门槛低，但只要经营得法，它就能够使我们在相对快速的时间内赚到第一桶金，实现财富自由。我再讲一个例子：

我的一位同学，她之前在一家软件公司上班，算得上待遇优渥。突然有一天，她告诉我自己做了微商，并且在短短1个月内，把珠宝微商做到了流水50万元人民币。做到这种程度，当然有自己的队伍了，当时已经有11个代理帮她销售珠宝了。同时，她还让我看了她的朋友圈，并且告诉我，自己是一个不刷屏的微商。不刷屏怎么做微商呢？这正是我要告诉大家的。做微商，要立体地展示你的正能量，将你的产品，你的知识，你的情感，你的为人，立体地展示在朋友圈中。朋友们看到有血有肉的你，是不会把你删掉的。非但不会，反而还会加入你的团队，因为他能从中看到行业的发展和跟着你干的前途。

还是那句话——很难吗？

相信大家都能做到。

那我们又为什么不能做个成功的微商呢？

4. 做微商不容错过的 N 个理由

在这一节，我们从宏观的角度来谈谈微商。

首先我们知道，在 2016 年 9 月，国家工商局正式实施新的《广告法》，其中要求微商和其他行业一样要遵守广告法约束，言外之意便是说微商渠道是合法的，商家可以通过这个渠道发展业务。这是国家机构对微商合法性的认可。这种认可，是对我们此前所说的“微商是一次改变命运的机遇”的加持和背书。

其次，在 2016 年 10 月，腾讯公司掌门人马化腾在一次高级别会议上向李克强总理汇报时，就不无自豪地表示，腾讯公司通过支持小团队创业解决了近 2000 万人的就业问题。

“这个数据是如何得到的？”李克强总理问。

当得知数据来自工信部后，总理说：“能制造 2000 万人的就业岗位，非常了不起啊！我们把创业和大众结合起来，就使得创业不再是小众行为，实际上就是尊重每个人的尊严，让他们发挥自己的优势和特长。”

2000 万人的就业岗位，确实是了不起的成就。不过这里要插一句：

腾讯是通过什么方式做到的呢？尽管马化腾没有提具体方法，但了解腾讯的人都知道，目前腾讯 QQ 并不具备支持大规模小团队创业的条件，只有微信的微店和微商有这个功能。而微店大多数是由传统企业或者传统网商在微信上开设的另一种形式的网店，本身就已经具备就业条件，基本谈不上解决他们的就业问题，那么答案便呼之欲出，马化腾所说的小团队创业，其实就是微商团队。只是由于微商行业属于新兴行业，还不是那么尽善尽美，所以马化腾并未向总理点明是微商解决了 2000 万人的就业与创业问题。

在此基础上，我们再回顾一下之前讲过的做微商的几大优势：门槛低，有前景，有钱途，不受地域、气候等影响……除了这几点，还有没有其他优势呢？肯定有，我们就不一一列举了，我们要讲做微商最大的好处——让你获得广义的财富，成为真正的人生赢家。

我们来分析一下财富的定义：财富有广义和狭义之分，狭义的财富就是指金钱，这也是很多人对财富的理解，人们往往认为自己拥有的金钱越多就越富有，金钱的多少可以体现财富的多少。这样理解财富并没有错，只是比较片面，因为财富有它广义的一面。广义的财富不仅指金钱，还包括一个人的精神财富，以及一个人的人脉，交往的圈子，父母以及朋友对你的支持，甚至是时间、爱情等，都是财富。而做微商不仅能满足人们对于狭义上财富的需求，还能满足人们对广义上财富的渴望。简单来说，一个人因为选择了做微商，他可以足不出户，相对轻松地赚钱，相对容易地建立并发展自己的事业。在满足了自身物质需求的情况下，还可以拿出更多时间去陪伴家人，与朋友交往……这样的人，不是人生的赢家，还有谁是人生的赢家？

裴多菲说："生命诚可贵，爱情价更高。若为自由故，两者皆可抛。"我们不妨从自由的角度来探讨一下。做微商，很多人图的就是自由，不用每天朝九晚五地去赶地铁、公交。有一台电脑，或者只要有一部手机就行。在家里就能开展工作，甚至躺在床上也可以。或者边聊天边做生意，边逛街边做生意，再或者在你拥有一份工作的情况下也可以兼职进行，总之可以让你完全自由地选择。每个现代人都希望能够实现自己的人生自由和财务自由，而微商恰恰能为我们提供这么一个机会，那我们为什么不做呢？

最后，我们再从微商大军主力之一的宝妈的角度来谈谈。有句俗话叫"一孕傻三年"，科学研究也证实了长久以来流传的"孕傻"说法是成立的，对此，我们无法抗拒。然而，女性怀孕需要面对的事情绝不止于此。女人怀孕生子后，不仅需要身兼多职，而且往往会因为照顾孩子以及家庭的需要，暂时告别工作，失去收入来源。特别是那些不再工作的全职太太，我们不能说她们在家庭中没有地位，但在经济上不能独立，完全依靠老公过日子，这也是事实。当然，"嫁汉嫁汉，穿衣吃饭"，这也没什么不可以的。问题是，即使是那些富足的家庭，完全不必为安全感考虑，这样的日子过久了，固然安逸，但也是极其无聊的。更不用说那些普通家庭的宝妈了。可以说，宝妈们是极其没有安全感的。而微商，可以为宝妈们提供创业的舞台，成全女性的尊严。

另外，前面讲到的"一孕傻三年"，一定程度上也与女性结婚生子后与外界交流较少有关，而做微商的宝妈们为了工作会自然而然地通过互联网接触社会，接触外面的世界，并且还要紧跟潮流，接收消化新事物。这样，不但开辟了自己的事业，拓展了自己的人脉，增长了自己的见识，在经济上也会更加独立。或者说句接地气的话，你至少能补贴家用，这样好的女人，谁会不爱呢？

5. 做微商不是在朋友圈卖东西那么简单

在前面的章节中，我们历数了做微商的种种优势，然而这并不意味着谁都能做好微商。微商创业不能盲目，必须讲究方式方法，必须做到知彼知己。

不可否认，很多人最初都是抱着“做微商就是发个圈卖卖东西”的心理成为微商的。一定程度上，我们要感谢这种心态，如果把做微商想象得太难，描述得太难，只会吓倒自己，这样那么多的传奇人物与传奇故事也就无从谈起了。也正是因为这一点，可以说，微商做得有点泛滥。时下，各色微商在微信朋友圈中比比皆是。仅以人人网的调查数据为例，85.5%的学生表示其朋友圈里有好多人在做微商，60.7%的学生表示未来会考虑做微商。但现实是，做微商做得赚了大钱的人固然有，但大多数微商却因为不得法，都停留在小打小闹、聊胜于无的阶段。

在一次微商沙龙上，我结识了一位女大学生，她当时代理销售着某品牌面膜。提及做微商的原因，她说：“同学在朋友圈里卖面膜，我听说能赚钱，就加入进来，毕竟没什么门槛。”但一段时间下来，她发现想通过微信卖东西赚钱，绝非那么容易。“最近3个月，赚了不到400

元，刚够手机费。”她说。

我的一位叔叔辈的亲戚告诉我，自己的女儿今年读大二，如今也通过微信做起了微商。除此之外，这位长辈朋友圈里的好多“90后”，都接二连三地成了微商。但凡是女孩子，清一色地卖化妆品，如有的卖口红，有的卖面膜，有的还请长辈支持一把。“你说我一个半大老头子，用得上化妆品吗?”真令人哭笑不得。作为长辈，他也很质疑，这样做微商，靠谱吗?

山西大学商务学院电子商务系主任、知名电商专家岳云康教授表示，目前大学生也好、宝妈也好，那种借助发圈卖东西的销售行为，都仅仅是最初级的微商。真正的微商是一种微经济，包括微信公众平台的二次开发、微商城的建立、微品牌的树立、移动营销、移动支付，这些是极为复杂的系统工程，要求创业者必须有专业知识和经验，还要求有团队支持与资金支持。“在朋友圈晒个图卖东西，是对微商的误解。”岳教授说。

诚哉斯言。不较真的话，发朋友圈卖东西确实也是做微商，但那只是入门课。至于如何登堂入室，这正是我们这本书要讲的，恰如上面岳教授所说，它是一项系统工程。在这里，我们首先要明确一个问题：如果认为“做微商就是在朋友圈卖东西”的说法不对，那做微商卖的究竟是什么呢?

以我自己的经历与经验而言，我认为首先是卖好产品。

好产品是基础。何谓好产品？这不能自卖自夸。这里我们不妨给它一个简单的标准：必须是大品牌。卖大品牌，不光是卖产品，卖的也是附加值。好产品自己会说话，会让我们事半功倍。没有好产品，一切梦想都没有用。好产品是梦想的载体，有了好产品，才谈得上好的团队、好的运作。永远记住这一点：我们要卖好产品。

其次，我们不难发现，很多伙伴刚开始从事微商时，势单力薄，茫然无助。这时候，他怎样做才能走向成功呢？或者说，他首先需要在哪方面努力呢？团队。做微商，首先是卖好产品，其次是卖团队。卖团队最高端的方式是卖什么？卖领导人。当你势单力薄时，当你觉得自己还不足以引领对方时，你就告诉那些有意向的伙伴：我的领导人非常厉害。我可以帮助你，我的领导人也可以帮助你，我们团队中的每一个伙伴都能帮助你。不然，有些直脾气的朋友可能会直接不给面子地说："就你这水平，还想带我？你自己都没赚到钱呢！"另外，你还要告诉他，帮助你就是帮助我们自己。把你的潜在利益明明白白地告诉人家，人家就会觉得你坦诚。否则，人家会以为你是骗子，毕竟天下没有免费的午餐。

再次，微商卖的是事业机会。读者朋友，你认为是产品价格高还是事业机会价格高？毋庸置疑，是事业机会。如果你想让更多的人聚拢在你周围，跟着你创事业、打江山，你就只能卖事业机会。如果你这个人非常靠谱，你代理的产品也非常好，你的商业模式又能让人赚到大钱，你的伙伴们凭什么不跟你干？当然，那些没有梦想的人除外。我们选择伙伴，要选那些和我们自己一样拥有梦想，能够把微商事业当成自己的梦想载体的人，并且要想尽一切办法，帮助他们实现梦想。作为一个微商团队的领导人，一定要有广阔的胸怀。你帮别人实现梦想的过程，就是帮助自己的过程。你促成的成功人士越多，你自己就越成功。

最后，微商还卖什么？知识。套用一句广告语：我们不创造知识，我们只做知识的搬运工。很多微商常说："我学了太多东西，但我还是卖不出货，怎么办？"我认为，这些人已经走火入魔了。在金庸先生的小说中，有一种邪派内功心法叫化功大法，专门吸别人的内力，以为己用，结果当事人最后都反遭其噬。这一是因为他们不懂得消化，二是因为他们只懂得输入，不懂得或者不愿意输出。做微商也是如此，只输入，不输出，学了那么多东西，自己藏私，不讲给别人听，怎么可以帮到别人，又凭什么指望别人帮到自己？

要记住：我们的客户要的是产品，也是知识，但归根结底是知识。是什么知识呢？第一，能帮他解决问题的知识；第二，能帮他赚钱的知识。

做微商的终极目标是做教育者。试想一下：在购买你代理的产品前，他没有体验过，甚至没有见到过、摸到过，还有可能没听说过，你本人也是在茫茫网海上认识的，连你的面都没见过，他为什么选择把钱给你呢？如果他选择把钱给你，那一定是因为你在他心目中是个能够带领他成长和赚钱的人，或许你暂时还没做到这一点，但至少你在他心目中已经是一个教育者了。

事实上，我们一直是教育者。你想：我们每天通过朋友圈，持续给我们的客户或伙伴影响，是不是在教育他？在以往，想做教育者绝非易事，但微信为我们提供了可能。任何一个小人物，只要他敢讲，在微信群里讲一下，就一定有人听。一般来说，大家都敢讲。因为他面对的只是自己的手机，避免了现场演讲的紧张，从而可以在不与客户见面的情况下，悄然间完成向教育者的蜕变。他自己或许没有意识到，但他的影响力却在与日俱增，最终转化为生产力与财力。

总而言之，说“做微商就是在朋友圈卖东西”并没有错，但以上所述才是我们微商真正要销售的东西。

◆微商分享课堂——一无所有便是拼的理由

畏惧比失败更可怕，在没有得到时就想着失去，终究不会得到；在没有开始前就想着挫折，终究没办法启程。一无所有便无所畏惧，因为那正是拼的理由。

一次偶然，一次必然

我是“90后”女孩朱朱，来自江西赣州，两年前因为我只有初中文化，又从小听力残疾，不能正常和人进行交流，所以换了很多工作：从餐厅服务生到淘宝客服，再到网吧管理员。暗淡的前景让我一度认为自己这一生可能只能一个人度过了，连嫁人我都不敢想太远。内向，自卑，长时间不与人接触，只活在自己的世界里，还有轻度自闭症。那时候的我，不知去往何处，也没有归途。

那会儿，朋友圈里到处都是做微商的，说实话我也很反感，屏蔽了很多人。做网管时，上班闲时可以上网，那天我有意无意在网上查了一下关于微商的信息，当场跳出来很多条内容，有各式各样的产品和广告，有二维码推送……我现在的领导婧子就是那时候加上的。为什么选

择婧子？简单说来就是我搜到了她的团队的宣传视频，觉得很新颖，很真实，不吹牛。让我下定决心正式加入团队的是她的几句话。当时，我咨询了好几个招代理的微商，反复问他们：如果我卖不掉，可以退货吗？别人都是考虑都没考虑，马上回答“可以”。但只有她告诉我：“如果你还没开始就在考虑退路，你必然不会全力以赴，那样你肯定就真的卖不掉了。所以我不会给你打包票，跟我合作，我会让你断了念想，一个劲儿地往前冲。我可以保证的是，不会让你亏本，前提是你放手去学，去执行。”就是这简单的几句话，我当天就决定加入，直接打款拿货，开始了我的微商创业路。

一次选择，一次思路

所有的生意都是相通的，微商也是如此，但对我这个“门外汉”来说，刚起步时还真有点难。我明白，如果我不天天守在群里学习，主动提问题，我会比其他新人吸收得更慢，毕竟我不能听语音，只能靠打字。这个过程让我明白了坚持的重要性，好在没有出单的那些日子里，我没有放弃自己。两个月后，我招募到了自己的第一个代理。我很激动，谈单的过程我侃侃而谈，胸有成竹，这也是我两个月时间的学习和积累的最大收获吧。随着时间的推移，我的零售额越来越多，代理也渐渐多起来，白天我边上班边做兼职，守群，卖货，解决问题，下班后就打包发货，晚上自我学习，并对代理进行一对一指导。大部分人都睡了，我才有时间去做引流加人，爬楼把课程群里的语音一条条转成文字，做笔记，进行复习。我从来不觉得这样的日子苦，因为我看到了希望。

天道酬勤，在做微商刚好一年的纪念日，我辞去了工作，终于全职了。全职意味着我可以花更多的时间在自己的事业上。三天后，我拿着这一年赚的钱，升级为省代，责任更重大了，从此我不仅仅是为自己而战，而且是带着身后几百号代理宝宝们共同的期许。很多微商赚了钱不是买房就买车，买奢侈品，而我从懂事开始就在想我为什么跟别人不一样，我也想听好听的音乐，想去唱歌，去看电影，跟别人进行语言交流，所以我赚了第一桶金后给自己花的最大一笔钱就是配了耳蜗，从此我可以听到别人说话的声音了，这种激动开心可能是所有常人都无法体会的，但对于我来说那是最大的幸福。

一生一次，一次一生

2016 年 7 月 19 日，是我最难忘的日子，我终于走进了婚姻的殿堂。房子有了，钱也有一些，车子没有，因为不会开。结婚当天，我老大开了一整天车从武汉来赣州参加我的婚礼，真的超级感动。从最开始的坚持，到现在的坚守，我们早就从上下级合作伙伴关系变成了亲密的朋友，在这个团队中我不是能力最强的省代，但我肯定是最能坚持、最能吃苦、最想改变、最不怕失败的那一个，因为我本来就一无所有。现在，我对自己的事业和生活状态很珍惜，很感恩，也很知足。珍惜是因为它真的来之不易，感恩是因为我遇到了这么好的团队，知足并不代表我不再上进，而是现在我终于有能力为团队做一些贡献了。

人们都说“面朝大海，春暖花开”，而我要说，没有大海，一样可以春暖花开，只要你想，一切都会成为现实。

第二章

微商创业，成功就是这么简单

1. 做微商，你没必要“低调”！

从微商诞生到现在，至少已经有 3 年的时间，但直到目前，无论是媒体还是业界都没有一个明确的定论。谁是微商？谁又是披着微商外衣的直销或传销团伙？很多人都无法明辨是非。再加上一些好心办坏事的媒体人推波助澜，导致“微商”这个名词几乎等同于“洪水猛兽”。如 2015 年著名媒体人梁宏达的一期以微商为主题的《老梁观世界》，不知吓退了多少人。

其实，从广义的角度讲，老梁未必不是一个微商。微信、微博他都有，他固然不会卖化妆品，不会代理面膜，但他不也在不遗余力地销售自己的影响力吗？而且老梁前不久已经以辟谣的方式明确说明，自己从来没有说过微商就是传销。有不少人说，这是老梁向微商道歉了，尽管有些委婉。我认为，老梁道不道歉并不重要。错了，不道歉，不代表没错；没错，也完全没必要道歉。这正如微商，它本质上是合法生意，别人怎么怀疑，怎么质疑，都不应影响你的信心。

很多微商人现在最大的问题，恰恰就是缺乏信心。他们不是不相信微商是一个正经的生意，不是不相信它是一个创业致富的良机，但在遇到质疑时，遭遇挫折时，自信心就会大打折扣。最具体的表现就是，好多人在没赚到钱或者赚钱较少的时候，不愿意让亲朋好友和其他比较熟悉的人知道自己在做微商，好像做微商是一件见不得人的事情。

其实，做微商，你完全没必要低调。在这个经济至上的时代，长期的囊中羞涩才让人不好意思。在以前，人们，特别是年轻人，向往白领生活，朝九晚五，风吹不到，雨淋不着。但 58 同城招聘网发布的 2016 城市服务业高薪榜，让人们看到了白领的尴尬。数据显示，北、上、广、深四大一线城市里，按摩师、健身教练、月嫂和汽修工的平均月薪都过万，其中收入最高的是按摩师，月薪达 17669 元，健身教练为 15225 元，月嫂和汽修工分别是 10952 元和 10070 元，快递员位居第六，平均月薪为 7028 元。这份榜单令白领们汗颜，让人“情何以堪”！当然，我丝毫没有嘲笑的意思，事实上我本人也曾经是白领，我的好多伙伴也都是白领，这是感同身受。正是因为做白领薪水太低，所以大家才选择了做微商。

另外，时代在变，朝九晚五早就不是什么时尚生活了。关于做微商的自由，前面已述及，此处不再赘述。这里要反其道而行之，给那些目前尚在兼职从事微商的朋友一句忠告：别急着辞掉你的工作！如果你有。尽管我们在前面没少罗列做微商的优势，但本着负责任的态度，我们也必须指出，做微商并非一本万利，做微商不是做梦。如果有人告诉你做微商可以飞速赚钱，那你就要小心了，对方可能是传销组织。此外，一些微商鼓吹者（多为不良厂商和无良从业者），为了诱人买货，会整天炫富，使人产生错觉，导致不少涉世不深的学生或家庭主妇凑钱、借钱做他们的代理，商品买了不少，卖货如何却无人过问。最后没赚到钱不说，还把自己的血汗钱或者上学费用赔了个精光。

也正是因为上述现象的存在，才使得微商这一原本光明正大的事业蒙上了阴影，那些“低调”的微商人，多半也是受其影响。其实大可不必。“清者自清，浊者自浊”，哪个行业都有败类。如果你是个好微商，你就没必要不好意思，相反你还要尽可能地宣传自己与那些败类的不同，力促行业规范。从一定程度上说，任何行业的正规经营者都应该感谢那些无良人士，因为正是有他们的存在，才让消费者认识到了正规经营者的坚守与宝贵。

这是一个方面。微商人不愿意让身边人知道自己在做微商的另一个原因，主要是因为刚入门，收入低，觉得这点收入拿不出手。其实，仔细想想，这正是他们收入低的原因所在。在这里我告诉大家，从身边人做起是做微商最好的切入点。首先，容易成功。如果你人品不错的话，很多时候，朋友们都是会来支持你的。当然，这不是无条件的支持，而且你也不必有任何心理负担，认为背了“友情债”，你必须谨记：如果不是好的产品，就不要做代理。如果你代理的是好产品，把好的产品带给朋友们，有什么不好？如果他们也愿意从事相同的事业，还是双赢、多赢，你完全就是天使的角色。其次，成功会增强自信心。说到这儿，我们其实绕回了原点。根据我本人的经验，不开单确实挺伤自尊的，根据我的一些伙伴的经验，做了几天了还不开单，会直接让人怀疑人生。同样是人，为什么有人开单快，有人开单慢甚至不开单呢？一个主要的原因就是前者选择了从熟人做起，从“杀熟”做起，而后者则选择了从陌生人做起。陌生人的生意不是说不能做，但相对来说比从熟人做起要难得多，特别是在起步阶段，在我们的业务没那么精熟的时候。

最后要说的是，互联网就是一个需要高调的领域。如果你要低调，你干脆去深山老林隐居好了。前几年流行一个字——秀，互联网就是用来秀的。以马云为例，我们都知道他曾经办过 5 次“西湖论剑”。有人说是 6 次，其实真正的“西湖论剑”在 2005 年第五届之后就不存在了，

2010年第六届“西湖论剑”已经不是严格意义上的西湖论剑了。在此之后，马云再也不提“西湖论剑”了。为什么呢？因为已经过了草根阶层的造势阶段了。刚开始谁知道马云？谁知道阿里巴巴？为了让人们知道马云，让更多人了解阿里巴巴，马云才一次又一次地以各种方式刷存在感。我们做微商也是如此，传统生意要避免酒香不怕巷子深，互联网生意则是货好只怕人没名。2015年，美宝莲在纽约召开了一次发布会，邀请Angelababy及50名网红进行同步直播，在短短2小时内就卖出了1万支口红，转化销售140多万元。某时尚杂志邀李易峰做的直播，短短15分钟聚集了33万人围观，收获上百万点赞，并在直播期间销售杂志7000多册。我们固然不能与明星比，但我们可以看看那些网红，学学他们并不深奥的吸引眼球之道，当然前提必须是正能量，肯定有助于我们的销售。

2. 成功微商的必备心态

给大家出一道选择题：

做微商，你认为是有 100 万元的启动资金重要，还是拥有一个良好的心态重要？

相信大家一般都会选 100 万元启动资金。但不得不说，这是个错误的选择。神奇教练米卢说过，心态决定一切。你可以质疑这句话，但事实在那儿摆着，只有米卢，能带领中国男足冲出亚洲。

其实，我非常理解大家，大家之所以认为 100 万元重要，是因为大多数人没有 100 万元，但相对来说，创业的激情倒是满满的。缺什么，想什么，这是正常的。但创业不是作诗，想象力没用。没有多少创业资金，这是我们的现实，我们必须面对它。

俗话说得好："精神打起来，好运自然来。"这里所说的精神，其实就是心态，或者说叫精神状态。总之，人要有良好的精气神。这个世界上，没有流不出的水，也没有搬不动的山，更没有钻不出的窟窿和结不成的缘。很多成功人士都曾经指出，他们能够成功并不像某些人所宣称的那样，吃尽千般苦，磨掉百层皮。对普通人来说，成功也不需要太多专业能力，乃至前不见古人、后不见来者的智商。成功，80%取决于心态，剩下20%受限于专业能力。

那么，我们在做微商的过程中应当具备怎样的心态呢？又该如何调整自己的心态呢？简单一句话就是：保持积极心态，避免消极心态。刚刚我们讲到了积极心态的重要性，下面就一些非常有害的心态做些提醒。

第一种错误心态是抱着“试试看”的心态。有不少人，花钱买了产品，最初拿货的时候也是想做微商的，但拿了产品之后，慢慢地变成自己用，不做销售或者不用心做了。他们当初只是看着人家在做微商，赚了钱，有了起色，自己也赶紧跑过来凑凑热闹。其实，我们要么不做，要么就全力以赴。我在这里要强调的是，微商不是凑热闹，是生意，是事业，做得好还是大事业。这个道理其实也适用于其他所有行业。但无论多好的事业，心态不好，都只能被浪费、被荒废。

第二种错误心态是有些人总觉得做微商是在给别人打工。在这里，我必须予以纠正：微商是做自己的生意，朋友、伙伴或者其他带你入行的人，为你提供信息、提供资源、提供一路的辅助，他们赚取合理的差利是无可厚非的，大家互惠互利，共创共赢，合情合理也合法。当你发现自己不可避免地在为朋友或伙伴创造着利润的时候，不应该心生芥蒂，而应心存感恩。针尖大的心胸装不下馒头大的梦想！市场空间无限大，只有联合朋友，才能赢天下。

给大家分享一个小故事——《木匠的房子》：

有个木匠上了年纪，想趁自己还健康及早退休，享受生活。老板非常惋惜，但不便强留，只问他能否再建最后一栋房子，就算给老板帮忙了。木匠答应了，可他的心思已经不在工作上了，不仅手艺粗糙，还偷工减料。完工后，老板来了，他拍拍木匠的肩膀，说：“房子归你了，你跟了我这么多年，这是我送你的礼物。”木匠十分震惊，也无比后悔。如果他早知道是在为自己建房子，绝不会这么干。

我们就是那个木匠。有的人每天钉一颗钉子，锯一块木板，垒一道墙，都尽心竭力，有的人则是能糊弄就糊弄，能凑合就凑合。最终我们发现，特别是那些不成功的人，终于会吃惊地发现，他们将不得不住在自己建的房子里感慨万千……世上没有后悔药。人生是最伟大也最现实的工程，希望大家都做自己心态的主人。

第三种错误心态是有些朋友代理的产品或品牌过多。我们要知道，并不是代理的品牌越多，就代表你做得越好，赚得越多。代理品牌的数量要跟我们自身的能力相匹配，千万不要盲目代理过多的品牌。做人做事做微商，都应该一心一意。这并不是泛泛而谈。试想，如果你每天在朋友圈推广平均数十条以上的信息，自己刷屏刷得欢，但朋友们看得厌烦，时间长了，你的朋友圈只会越来越窄。那些依然不拉黑你的人只有两种：碍于情面的身边人和承受力极强的微友，但他们未必会买你的产品——不拉黑你就应该知足了！况且，你早晨卖衣服，中午卖化妆品，晚上又卖保健品，林林总总，杂七杂八，只会让人觉得你不专业！

第四种错误心态是依赖思想过重。有些代理，不主动学习，不积极思考，不和下级代理进行有效沟通，过于依赖上家和团队，这不仅不利于整个团队的发展壮大，更不利于自身的成长。一定要记住：天道酬勤！上天会按照每个人付出的勤奋，给予相应的酬劳，多一分耕耘，多一分收获。

第五种错误心态是见利忘义，人品差，这是大忌！没有任何一个自私自利，投机取巧，低价、乱价、串货的微商能成大器。传统行业也是如此。有的人最初可能占点小便宜，有的人也可能会占到大便宜，但最终都要接受命运的惩罚。种恶因，怎么能得善果？另外，“物以类聚，人以群分”，只有优秀的人才能吸引同样优秀的人，微商也好，其他生意也罢，首先被淘汰的，注定是人品差、口碑差的人。谨记：小胜凭智，大胜靠德！

第六种错误心态是没有坚定的信念，这可算作我们整篇文章的回顾。有些人，可能会因为一些小失败、小挫折而放弃了做微商。而微商的魅力源自于人际关系网络的传播功能，微商的强大来自于从量变到质变的过程，在大多数人不能坚持的时候，有人选择多坚持了那么一会儿，从而经历风雨，收获了彩虹！坚持不到彩虹出现，你能收获的就只有泥泞。

3. 做大咖，要有强大的态度

是不是杜绝以上错误心态，就能够成为微商大咖呢？还不够。做大咖，要有更加强大的态度。仅仅避免一些雷区，充其量只能做个普通的微商。

我根据自己的经验，并结合和很多成功的大咖级微商的沟通交流，总结出了成为微商大咖的四大要点——责任、感恩、发展和坚持。正是它们，让这些大咖们从最初的小代理慢慢蜕变为了如今微商界的风云人物。

先说“责任”，它是我们日常生活中常说的名词。为什么我们要这么重视责任？举个例子，女性在找结婚对象时，总会自然而然地希望未来的老公有很强的责任感，能够保护家人，能够努力创造舒适的生活条件；男性也会希望未来的老婆能像古人所说的那样“相夫教子”，十分顾家，对家庭负责。换言之，对家庭负责、对工作负责，对任何层面来说都非常重要。

众所周知，企业之所以注重责任，是因为在一家企业中，责任是组织架构的基础。只有人尽其责，各司其职，企业才能正常高效地运转。

不过，我们这里所说的责任不仅限于一个人的担当，它还包含以下三点：共赢、诚信和务实。

第一点是共赢。拥有共赢的心态，是指我们应该意识到我们应该与自己的团队实现共赢，而不是通过损害某一方的利益来获得利润。以做微商为例：企业也好，团队也好，如果做领导的、做上级的，总是损害做下级的、做代理的利益，那么就算他的产品再好，也会江河日下。没有人生来就是让你占便宜的。你占人家小便宜，人家可以弃你而去。至于做代理的想算计上级，姑且抛开其可行性，即便真的有机会，也不能见小利而忘大义。我们要始终牢记，没有你的团队，你就不可能快速发展。我们要深知责任的重要性，对自己的团队负责，反过来也要求团队对自己负责。只有走上相互负责的良性循环，团队才会稳健，才会壮大，团队成员才会实现长久共赢。

第二点是诚信。对微商来说，诚信是必备的品质。个体微商开展业务也好，微商团队的建立也好，都是基于人与人之间的信任。而且很明显，做微商需要相互之间拥有比做传统生意更多的信任，并且这种信任容不得丝毫破坏。只有诚信经商，大家才能走得长远。对一个有志于做大咖的微商来说，如果不守信，乱价，压货，或者答应分配的利益临时变卦，接下来他不仅什么事情都难以开展，无法促成良性发展的团队，而且难保不被蚀光，“身败名裂”，因小失大，葬送大好“钱程”。

第三点是务实。大家应该听过这句话：“社会是一个浮躁的社会，而微商是一个很容易浮躁的微商。”我们都听过许多神话和传奇，但回过头来看，太多的神话已破灭，太多的传奇在消失，唯有踏踏实实卖货，做好自家生意的微商还在延续。走在踏实的道路上，才能享受到做微商的丰厚回报。务实，是对自己负责，也是对家庭、团队、社会负责。

再说“感恩”。说到感恩，有人马上会想到孩子给妈妈洗脚的宣传片，这当然是感恩，但感恩不仅仅是这样。感恩不是一种形式，而是一种具体的态度。

感恩要求我们互相认同，只有认同彼此的价值观，才能建立好的相处模式。感恩要求我们善于培养，身居管理岗位的人要有意识地去培养下属，下属才会以认同作为回报。感恩还要求我们知恩图报。简单来说，我们和团队、我们和公司不是单纯的利益关系，只有大家把团队、公司当作大家庭，把彼此当成亲人对待，将心比心，团队才能真的像家庭，大家才能获得亲人般的关怀，才能打造出“打虎亲兄弟，上阵父子兵”的超级团队。

前几年有一本畅销书，叫《感谢折磨你的人》，现在细细想来，果真如此：感谢折磨你的人，因为他磨炼了你的意志；感谢欺骗你的人，因为他增长了你的见识；感谢批评你的人，因为他让你成长；感谢你的竞争对手，因为他让你头脑清醒！多感谢，多感恩，你会成为自己想成为的人。否则，被人涮了一次，就把所有人都想象成坏人，接下来的生意还怎么开展？当然，尽量别上当。要感恩，但别以受折磨为前提。

接着说“发展”。发展是微商人必不可少的心态。商场如逆水行舟，不进即退。对个人而言，想做好微商，一定要执着，只有执着于其中，执着不悔，你才能发展，做大做强，做出个人品牌，并在此基础上去发展其他品牌或业务线。

这必然离不开学习。我们所处的时代，不再是比学历的时代，而是比学习力的时代。在这个快速发展的社会，不再是“大鱼吃小鱼”，而是“快鱼吃慢鱼”。学习快的人有可能成为快鱼，学得慢的人有可能成为被快鱼吃的慢鱼。

对微商来说，学习尤为重要。微商行业，渠道变化太快，只有不断学习，不断充实自己，才不会在这个高速运转的行业被淘汰。每个人都不应以忙碌为借口，都要从繁忙的生意中抽出些时间，静下心来学习，塑造自己不可替代的软实力。如果你的潜在客户学习了，而你没有学习，潜在客户势必会觉得你与他们的素质相差太远，他们就不愿和你交往，因为他们觉得跟你做微商，前途不会光明，道路不会宽阔。如果你的代理学习了，而你没有学习，你就有可能被超越。在这个行业，应该时刻保持学习之心。

需要提醒的是，互联网时代信息瞬息万变，机会转瞬即逝，只会机械学习还远远不够，勇于创新的公司和团体才会有蓬勃的生命力。创新，是必须要做的事。我们也不必把创新想得那么难，一个小小的推广文案的创新是创新，只是引流方式的创新也是创新，无数个微小的创新，最终会形成大趋势。

当我们拥有了上述三大必要态度，也就是责任、感恩与发展之后，在做微商的路上，就已经是万事俱备，只欠东风了。何为东风？坚持。三分天注定，七分靠打拼。滴水穿石，绳锯木断，说的就是坚持的重要性。但需要注意，坚持的前提是方向的正确，方向不对，努力白费。而找到了正确方向，没有坚持，努力也是白费。这是个必须辩证看待的问题。

成功没有捷径，做微商贵在坚持。成功也没有技巧，踏踏实实地努力、探索，成功迟早会来。牛根生说："多为成功找方法，少为失败找借口。"任何事情，如果你选择半途而废，那注定只有失败。但反过来，任何事情，只要你能坚持做下去，至少已有了成功的可能。

以做微商为例，有人在一个月时间内坚持在朋友圈发产品信息，坚

持晒单，但一个月下来，他发现根本没有人询问或购买，便就此放弃做微商。我们应该想到这样一种可能：其实他的朋友们已经在观望，有些人已经在考虑他的产品信息是否可信，但他就此放弃了，对方也就彻底打消了马上就要相信他的念头。

成功有秘诀吗？

如果一定要说有，那就是贵在坚持！

4. 微商运营，从昵称、头像、个性签名和朋友圈封面做起

千里之行，始于足下。

想做好微商，必须提高自己的基本技能。

如前所述，做微商不是在朋友圈发发信息、卖卖东西那么简单。但是，在朋友圈发信息、卖东西，也是每个微商人绕不过去也不该绕过去的一步。同时，它也不应该太复杂。下面，我们就来讲述一些基本且必要的设置。

首先是昵称。

什么样的昵称算好呢？这没有一定之规。但我们可以举一些反面教材，我的代理团队中就有现成的例子。以下是他们之前的昵称，后来都在我的建议下改了。

第一个：××玲公子。

两个×，不明所以，画蛇添足。

第二个：凌懒洋洋。

没有记忆点，伪创新。

第三个：小薇是个蛇精病。

自嘲得过火，想表达的意思太多。

第四个：A 張欣。

与第一个昵称相比，这个名字中的 A 是有用、有意义的，因为带大写字母 A 的朋友会自动排在我们的微信通讯录最前面，方便查找。但这个名字中的“張”大有问题，因为繁体字无论是输入还是查找，都非常麻烦。不备注的话，只能在好友中一一翻找。这就是在挑战我们的潜在客户的耐心了。客户在想买东西时找不到你，你就有可能错失订单。

第五个：让时间说真话。

这个昵称，根本就不像昵称，它不像一个人名。它是一句格言，既让人无从记起，又让人莫名其妙。比如有人在群里看到我时，他会说：“文乐，你也在群里呀!”看到他时则会说：“让时间说真话，你也在群里?”是不是很别扭?我们不妨就这个名字做些延伸。“让时间说真话”，说的是时间的伟力，谎言也好，虚伪也罢，最终都会被时间戳穿。我们起昵称时也要考虑到这一点，要尽量取一个经典的名字。只有经典的名字，才有永恒性，才会让人看到时眼前一亮，并在以后长久地保留在别人心中，而不是因为过于泛泛，让别人在第二次看到时就觉得很路人、很陌生。

另外，大家要记住，昵称相当于我们在微信上的身份证。真实的身份证，我们要妥善保护，不要轻易泄露个人信息。但昵称，尤其是微商人的昵称则恰恰相反，要尽量传播。为此，我们的昵称必须好记，必须容易传播，切忌太复杂，简简单单就好。我经常看到有些人挖空心思，把自己的昵称弄得乱七八糟，又是字母，又是数字，这又不是设密保，只会起到相反的效果。昵称过长也不好，一般两三个字就行，最多不要超过五个字。

接下来我们讲头像。

这里，我们依然从我之前的代理中选负面教材，为了更直观，这次我们看图说话。

关于这 6 个头像哪里不合适，大家看配图的文字解析即可。这里，我简单讲讲头像设置的概要。

第一，建议不要用景色，不要用网红，不要用动物。如果你做的产品不是自己的品牌，就不要用品牌 LOGO 做头像。个人的微信公众号，要避免商业信息 ，要有亲和力，尽量使用自己的自拍照。如果觉得自己的自拍照不够美，也可以去网上找个美点的照片，但不能太美，太美的话，别人会觉得不真实，不敢接近你，建议可以选一些接近于生活的邻家女孩、邻家大哥式的照片。

第二，注意图片要清晰，不能模糊，别人都看不清你的脸，怎么信任你？图片最好用正方形的，尽量不用变形的，这样我们的头像看起来会比较真实，比较生活化，引流或者混群时，别人会乐意主动添加你，周围跟你打招呼的人也会相应地变多。大家可以去搜索一些微商大咖的头像，再对比一下自己的头像，相信会有所收获。

这样做，主要是为了避免自己看起来像微商。尽管这话听起来有些辛酸，但现实就是如此，如果你看起来像微商，很多人是不会和你打招呼的。不信我们可以扪心自问，有微商主动加你，你愿意通过验证吗？你会加他吗？大多数人的答案是“不会”，但我必须提醒大家，从现在开始，你必须有一个通过一个，有一个加一个。我们平时看到有微商可能性的头像便不高兴的思想其实是错误的，因为人首先是消费者，其次才是创造者，大部分微商人，大多都源于他们有在微信上购买的习惯。他们虽然是微商，但他们也是潜在客户以及潜在的代理！所以，我们不仅要加他们，还要善待他们，经常跟他们聊天，最终把他们转化为客户或代理。

很多大咖与我分享时都认为，他们特别地喜欢微商，因为他们打钱痛快，不会问一堆问题。为什么痛快？因为微商与微商有莫名的信任感。微商要么不开口，要么直接问你：怎么代理？怎么付款？换成小白，一堆问题问下来，一周时间早过去了。好不容易发展成代理，又一周时间打不过钱来。不论他们打钱不打钱，问题总是没完没了。似乎所有的小白都读过一本书，那就是《十万个为什么》，通常被他们问到的包括：“你万一收钱拉黑我怎么办？”“万一你不给我讲课怎么办？”“万一我听了学不会怎么办？”……带一个有微商经验的，可能几天就上手了，没准对方都不需要你带，还能和你交流些你所不知道的技巧与心得。带一个小白，可能要两个月，甚至更久，我们花费的精力和时间会相应地多，而我们知道，时间是最大的成本。这并不是说微商不能带小白，而是说带成手会相对更加有利。

然后我们讲个性签名。

我在这里建议大家，如果你还没有什么拉风过硬的头衔的话，你就乖乖的，写点文艺话，例如，生活不是林黛玉，不会因忧伤风情万种；

一切坚强，都是柔软生的茧；

自知微小，却不曾放弃点滴努力；

这一秒不失望，下一秒就会有希望……

有一位图书界的前辈曾经跟我说：“写书，很简单，你喜欢什么样的，读者就喜欢什么的。”他的意思是，要站在普通人的视角去写作，这种思维无疑是对的，也适用于此。所谓个性签名，就是写一句你喜欢的话，不知道怎么写，实在写不出来，去百度一下，或者在豆瓣上找些正能量、小文艺、小清新类的文字扒一两句，也没什么不可以。

无论如何，不要傻傻地写“××代理，面向全国招商”，更不要像我以前的一个代理，当时我看到她的个性签名时都惊呆了：“××产品招商，你看不起微商，我还看不起你呢!”我当时整个人都觉得不好了，这样可不行。试想一下：如果我们不是做着微商，我们看到她的个性签名时会怎么想？多半会想：此人真是太有个性了，我消受不了……基本上是不会再看下去了。莫说我们设置个性签名是为了让人喜欢我们，进而成为我们的客户或代理商，即便不存在潜在利益，我们也应该站在别人的角度上考虑一下不是？

最后讲朋友圈封面。

简单来说，朋友圈封面就是放一个唯美点的图片，从整体上让人觉得你有内涵、有素养、有修养，值得信任、值得托付、值得合作等。与此同时，还要特别注意不能把支付宝账号、银行卡号等放到朋友圈封面上。人们看到这种背景墙，一眼就吓到了，马上就会退出。这样一来，你的头像如何、个性签名如何、昵称如何，都不重要了，因为人家根本就不看了。更有甚者，一旦有人举报你，基本上是会被封号的，而且不能解封，也就是永久封号。无心之失，导致封号，这是不是太不值了？

5. 做微商同样需要“匠人精神”

最近两年，“匠人精神”这个词大火。

所谓匠人精神，其实就是追求极致的精神，就是对工作执着，对所做的事情和生产的产品精益求精、精雕细琢的精神。

有人说，匠人精神是从日本传过来的。这不假，至少现代意义上的匠人精神是从日本传过来的。几年前，一个国际组织对全球 41 个国家百年以上的传统老店进行了一次统计，结果显示，全球共有 5586 家经营了超过 200 年的老店，其中日本有 3146 家。在这里，我不带任何偏见地说，日本人确实具备匠人精神，时时处处追求极致。

我们讲一个“珠报汲水”的故事：

珠报是日本历史上的禅宗和尚，精通茶道。他所在的寺院附近有一口古井，水质纯净，略带甘甜，是沏茶的上好水源。配合珠报的茶艺与上好的茶叶，珠报的名气越来越大，很多香客都慕名前来，都以能听到珠报的师父珠光说法和饮到珠报的茶为荣。

时间长了，有人注意到，珠报去汲水时，总是选大家还没起寝、天还没亮时。他好像有意要避开人们的视线。大伙儿猜测：难道珠报汲水有什么秘密？

终于有一天，有人在井台上“偶遇”了珠报。那个人打过招呼后，假装离去，躲在转角。结果他发现，珠报居然把已经汲上来的水倒在了一旁，然后拎着空桶回寺。人们问珠报发生了什么事，珠报说没什么，只是有人看见了桶中水。人们又问：“那又怎样？至于倒掉吗？”珠报说：“有人看了那桶水，杂念已渗入水中，我不能用这样的水沏茶待客，那是对客人的不尊重……”

在这里，请暂且抛开这个故事的真实性，更不必执着于有人看了桶里的水然后水就有了杂念这类禅思，日本人的匠人精神是绝对值得我们认同并且学习的。当然，匠人精神并非东瀛的专利。在欧洲，匠人无非就是技艺精湛的人。德国的名车、瑞士的名表、法国的红酒、意大利的服装，离不开一群最优秀的匠人。没有匠人精神，欧洲即使能诞生牛顿和爱因斯坦这类科学巨匠，也无法把相应的科学应用于现实。

匠人精神，也不是舶来品。众所周知，《庄子》中记载了一个“庖丁解牛”的故事。给梁惠王宰牛的厨师，切割的技术非常高超，到了出神入化的境地，一把屠刀用了19年，仍和刚刚磨出来时一样锋利。至少在这里，它告诉人们这样一个道理：任何事情，只要用心，就能达到登峰造极、出神入化的境界。

对微商来说，还有比微信诞生更有说服力的例子吗？

如今，不管做不做微商，每天不登一下微信，不刷一下朋友圈，就好像与时代产生隔阂一样。微信真正改变了人们的交流方式，影响着这个时代。正如微信的口号：微信，是一种方式。而启动这种方式的人正是“微信之父”张小龙，正是张小龙的匠人精神，才出现了Foxmail、QQ邮箱、微信这样的产品。

Foxmail是张小龙的第一款重磅产品。其最火爆时，覆盖美、英、德、意、俄、日等20多个国家和地区，全球用户400万人。彼时的腾讯，也不过10万名用户。2001年，张小龙携Foxmail加盟博大，任技术总监，博大出价1200万元人民币。但在消息宣布的那晚，他写下了一封充满感伤的信，在信中，他把Foxmail比喻为他精心雕塑的艺术品。“从灵魂到外表，我能数出它每一个细节，每一个典故。在我的心中，它是有灵魂的，因为它的每一段代码，都有我那一刻塑造它时的意识。我突然有了一种想反悔的冲动。”

周鸿祎说，他经常批驳张小龙：Foxmail没有商业模式，应该加广告，要盈利！张小龙说为什么非要这样，只要有用户，有情怀就好了。每次争论，都是张小龙以长时间的沉默来结束。2005年，腾讯收购Foxmail，张小龙及其团队20余人随之进入腾讯。3年后，QQ邮箱成为国内使用人数最多的邮箱产品。张小龙再次证明了自己。当时张小龙曾说：“我们和用户应该是朋友，这一点会在我们的产品里体现出来。无论将用户捧为上帝还是贬为仆人，都是不公平的。”确实如此，一个真正的朋友会在你需要的时候主动出现，并帮你解决困扰。在探索产品研发的过程中，团队中每一个成员的脑子里都只有一个概念：什么东西或者功能是用户所需要的？强大无敌的QQ邮箱是怎样炼成的？答案很简单：心无杂念，一切以用户需求和体验至上为准！

对于微信，张小龙的态度非常明确，他曾说：“我们只做一件事情，一个产品只能有一个定位，或者有一个主线功能。”微信的每次更新，张小龙都力求把用户体验摆在第一位。他曾在“微信公开课”上解读微信生态：“微信希望建造一个森林，培育一个环境，让所有的动植物在森林里面自由生长出来，而不是建造一座自己的宫殿。”谈到微信的商业化，张小龙这样说：“一是从连接人与人沟通的‘人联网’阶段；二是做连接线下商户的产品和基础功能。现在，微信商业化正在

‘进化’到通过‘连接一切’的能力，形成一个全新的‘智慧型’生活方式：以微信公众号＋微信支付为基础，帮助传统行业将原有商业模式‘移植’到微信平台，通过移动电商入口、用户识别、数据分析、支付结算、客户关系维护、售后服务和维权、社交推广等能力形成整套的闭环式移动互联网商业解决方案。”

关于这些专业的东西，我们可能不是一下子就能理解。但我们都能看到微信开启的画面：一个人，站在巨大地球与月亮相交的背景中，何其孤独！也许人生下来就是孤独的，需要交流，需要倾诉；而张小龙，他孤独地看着这个世界，也告诉他的用户，孤独并不可怕，可怕的是失去交流的方式。有人把张小龙称为“孤独的艺术家”，他孤独地做出微信这样亿级用户的产品。尽管并不是所有人都能够成为张小龙，甚至连成为其团队成员都不可能，但是享受孤独，拥抱匠人精神总不会错。你可以不会开发微信、创始百度等改变生活、推进时代的产品，但谁都可以把自己的朋友圈做精致些。每一段文字，每一句话，每一个标点，每一张图片，甚至每一条回复，都是我们的作品，都需要我们拿出匠人精神。如果你还没有这种精神，那就去培养、去修炼这种精神。千万不要说自己不行，人世间的事，哪一样不是后天习来的？别轻易给自己判死刑。

6. 定位：自我定位，产品定位，受众定位

何谓“定位”？

要解释这个词，首先看我们自己怎么定位。

这不是故弄玄虚，而是因为“定位”本身是个非常复杂的营销理论。当然，为方便更多朋友学以致用，而不仅仅是“掉书袋”，我们会结合微商运营，尽可能地把它解读得接地气一些。

按照“定位之父”杰克·特劳特的说法，定位要从一个产品开始。不过，这里所说的产品是广义的产品，它可能是一种商品或一项服务，也可能是一个机构或一个人，也许就是你自己。考虑到微商的独特性，在这里，我更愿意把特劳特所说的产品定位为一个人——我们自己。也就是说，首先要对自己定位。

美国哈佛商学院流行着这样一个故事：

某乞丐每天在地铁口卖铅笔，一位商人匆匆而过，向乞丐的破杯子里投了几枚硬币，但忘了取铅笔。过了几分钟，商人返回来取走一支铅笔，并对乞丐说：“对不起，我忘了拿铅笔，毕竟，你我都是商人。”然后匆匆离去。几年后，这位商人参加一次高级沙龙时，一位衣冠楚楚

的人士向他致谢，商人不解，对方坦言，自己就是当初在地铁口卖铅笔的那个乞丐。他的生活之所以会发生巨大改变，得益于商人的那句话："你我都是商人。"而在此前，他一直都把自己看作一个乞丐。

这个故事阐释的是自我定位的重要性。事实上，自我定位是个人能量的释放起点。这是宏观的一面。微观方面，自我定位一定要跟个人的优势、爱好、性格相匹配。微商是个新兴行业，问世才两三年，时间太短，导致我们微商人特别是新手微商，来不及进行反思，考虑自我定位的问题。打开很多人的朋友圈，不是杂乱无章，就是没有特点，不是让人厌恶，就是不够吸引人。我们在前面说过，你的微信昵称、头像、个性签名等都会直接影响着你的事业，因为它们直接且非常直观地对外反映着你的个人特色。如果这个特色是积极的，就会有益于你的工作生活。反之，则只会带来不好的影响。

可以说，朋友圈就是我们的舞台，就是我们的阵地。一个好的朋友圈能彰显自己的特点，获得优势。一个好的朋友圈能射出无形的子弹，俘获受众的青睐。比如说做饭很好吃、家庭幸福、颜值高、懂护肤、会写文章等等，这些都是一个人的标签。总之，有优势就要表现出来，没优势就去努力学习，打造自己的优势。因为除非遭遇巨大的不幸，很少有人会愿意认同那些平庸得一无所长的人。别人认同你，肯定是因为你有值得别人认同、赞同的地方。你自己和别人可能都没有意识到这一点，但那些优势始终在发挥着潜移默化的力量。另外，微信就是这样一个平台，没有个性，没有标签，是不利于传播的。

有人可能会讲，我这个人确实没什么优势，我应该从哪方面学起、做起呢？很简单，兴趣是最好的老师，做自己喜欢的事才会有激情，才会用心。我们做微商，不也是因为我们喜欢这种生活方式与商业模式吗？有人或许仅仅是为了谋生或赚钱而选择做微商，这也无可厚非，但我奉劝所有准备做微商以及所有已经在做微商的人，如果你不是发自内心地喜欢微商这个行业，那你要么尽早喜欢上它，要么尽早放弃。

再往细分领域说，如果你做引流很厉害，就应该把自己打造成推广大师；如果你做线下销售很棒，那就多发一些关于线下活动的内容。总之要记住：你的定位越清晰，就越容易成功。

其次是对产品定位。此前我们也曾笼统地讲过，做微商，首先要代理好的产品，“好的产品自己会说话”云云。在这里我想进一步说明，首先我们要明白什么样的产品才称得上是好产品，并且不能完全指望好产品自己会说话，关于产品的好处，如特性、功能与优势，我们不仅要一清二楚，还要能够条分缕析地讲给别人听。

做到这一点，需要我们投入必要的心力与精力。简单来说，我们对产品的认识不能局限于产品本身，也要了解产品的背景知识，如行业发展史、生产企业的光辉史等。很多微商都会告诉人们，我们是大牌，但大在哪里呢？他们讲不上来，这样，大牌也成小牌了。

不可否认，行业内存在一些微商，他们口才出众，即便是小牌，甚至是没牌的产品，经他们舌绽莲花，也成了大牌。我们并不提倡这种做法，做微商不能靠“忽悠”，我们只要熟知自己代理的产品优势并把它讲出来就好。如果我们代理的是小牌或者无牌产品，那我们就应该及早换一家大牌公司，而不是不负责任地乱吹。这是王道。

最后是受众定位，也就是顾客定位。

你的顾客群体是哪些人？你的潜在顾客有哪些潜在或者刚性需求？这是我们必须考虑的问题。如前所述，自我定位最重要，产品定位也重要，但自我定位之后，选择了微商行业之后，我们必须明白，产品是要卖给顾客的。有人说，顾客至上；有人说，顾客就是上帝。问题是，我们了解顾客吗？了解我们的上帝吗？又了解到多大程度呢？

只有了解并且非常深入地了解我们的顾客类型，了解我们的顾客喜欢什么、需要什么，我们才能更好地做好销售，乃至在了解顾客的基础上不断优化我们的产品。曾经有代理问我："老师，我明明加了很多好友，朋友圈几千人，可出单量极少，这是为什么呢?"我简单浏览了一下他的朋友圈，然后反问他："你认为你的好友都是你的潜在客户吗?你是卖化妆品的，而且是卖非常高端的化妆品，但你看看你的好友，除了男人、学生党，就是没有经济基础的人，你凭什么会觉得这些人是你的潜在客户？可以说，你这些微信好友基本上都是没有价值的。"和他一样，我们都应该思考：我需要什么样的顾客？我的顾客需要什么？围绕这两个问题，对顾客进行定位。

◆微商分享课堂——熬过来了，一切就都变得美好了

我是若涵，是天联联盟的联合创始人，美人计联盟的创始人，欧诗漫的大区总代，花妍丽董事，立白联合创始人，心梦商贸 CEO，联盟团队人数 2 万人，同时孵化了 5 位百万总代。曾获得 2015 年度微商钻石团队奖，2015 微商终身成就奖，2016 微商风云人物奖，2016 微商先锋人物奖。此外，还多次获得微商优秀团队奖和“第一微商”称号，曾接受央视等媒体的多次采访。

认识或者熟知我的人都知道，我的团队从 300 人到 2 万多名代理，我只用了 10 个月，而且这 10 个月刚好是我怀孕的 10 个月，因此我有了一个非常接地气的称呼——“史上最拼孕妇”。确实，我当时因为劳累过度，导致宫缩频繁，不得不住进了医院保胎，连过年都是在医院过的。

有人可能会说：“若涵，你肯定很缺钱，估计还缺爱，要不然干嘛要把 10 个月的皇后日子，变为苦兮兮的创业日子?”但我可以很肯定地告诉大家：我不缺钱。在做微商之前，我是做电商的，贴在我身上的标签是什么？是 10 年电商高管经验，500 强企业运营总监，管控年销售

额破亿的电商项目，管理员工几百人，电商高级培训导师，年薪保底50万元，拥有公司股份……所以我不缺钱。当时我随便去给电商老板们上一天课，培训报酬就是2万元。我也不缺爱，见过我老公的人都知道，他对我好得大家都嫉妒。说这些不是在炫耀什么，只是想告诉大家，我既不缺钱，也不缺爱，为什么还要拼尽全力去奋斗呢？原因很简单，因为我知道我要什么。因为我也同样知道，想要更好的生活，不能靠别人，只有靠自己。和很多人一样，我不是“富二代”，父母平凡得走在人群里就会被淹没，我没有老人可以啃，更没有关系可以走，所以我需要靠我自己。现在，我在杭州有自己的几处房产，家里有好几辆车子，这些，我没有靠过父母，都是靠自己的双手拼出来的。

有人会说，女人要以家庭为重，挣钱养家是男人的事情，但是当你连买个烧饼都要伸手向老公要钱，还得汇报用途的时候，你会不会觉得自己已经卑微到了尘埃里？所以说，女人你可以不美丽，但是必须要经济独立。

我们每一个人都应该自问：我想要什么样的生活？是天天蓬头垢面，追着孩子满院子跑，还是蹬着高跟鞋，优雅地出席各种高大上的活动、会议？千万不要告诉我没机会，没能力，做不到……首先，我们需要明确：你想还是不想？要还是不要？当你把自己的目标清晰地摆在面前的时候，你就会发现接下来的一切会变得顺理成章，推进起来也会简单得多。就拿我自己来说，都说没有伞的孩子必须努力奔跑，我深知我没有优越的家庭背景可以依靠。大学的时候，一个寝室4个人，她们个个家庭优越，还没毕业就定好了毕业之后的坦荡道路，我也希望有好的未来，怎么办？我只有更加努力，人家大学享受的是天天睡觉睡到自然醒，看韩剧看到眼抽筋，而我从大一开始就给自己定位，参加各种学生会、社团，大三就开始实习，别人在谈恋爱的时候，我在积累自己的经验，所以毕业的时候，别人“工作经验”那一栏是空白的时候，我那一栏已经写满了漂亮的履历。做微商也是一样，我是从一个微商小白开始的，而且是没有任何人教的，但是我从一开始就给自己定了目标：一年时间，我要让团队人数突破万人，我要做到最高的级别。正是因为有了这个目标，一开始做微商的时候，我连爬楼是什么意思都不知道，每天百度各种经验，混群听课，经常整理笔记到半夜，顶着大太阳去做扫街，当时真的很辛苦，可是没有关系，因为我心里有目标，有梦想。最终，经过10个月的时间，我完成了万人团队的目标。

经常有人问我：微商可以躺着挣钱吗？可以一夜暴富吗？当然，可以，但是很遗憾，我们没有赶上，所以在微商整个行业开始回归理性的时候，我们就要拼实力，拼坚持，拼积累。你是否出现过这种情况：一开始非常有激情，有热度，但坚持不了多久。很多人一接触微商就希望日进斗金，我自己也是一样，但是事不如人意，开始我半个月都没卖出一盒产品，好不容易招到的第一个代理，三天后告诉我卖不出去货，不想干了。那时，我着了魔地研究顾客为什么要买我们的产品。要想让客户购买你的产品，就要让客户记住你，记住你的产品；想要让客户记住你，就要让客户得到意想不到的服务；得到意想不到的服务的客户，才会被感动；被感动的客户，才是你最忠实的客户！那么，怎样才能成功地做到这点呢？我们需要具备全面的能力，要有一个良好的心态，要有专业的知识，要有非常棒的销售技能。

此外，还有一个非常重要的因素，那就是我们要有抗压能力，并且要足够自信。我一直走在时代的最前端，对任何事情我都遵从自己的判断。10年前，当我刚开始接触电商的时候，我就觉得这是一个机会。我的专业是新闻学，所以当时我放弃了所有人都羡慕的《浙江日报》的记者机会，毕业以后就去了电商公司，结果当初质疑我的人，都对我竖起了大拇指。同样，一年以前，我放弃了大家都羡慕的电商高管工作，进入了当时还被质疑为传销的微商。同样，面对很多质疑，他们都觉得我疯了，甚至有很多之前的同行、老板都把我屏蔽了。因为这些，我老公还特地提醒我不要发个人私号，说我这样下去会没有朋友的。其实，大家可以想象一下：原本做电商的时候，我是非常光鲜的，但是，做了微商之后，一下子就感觉掉到了谷底，失落感肯定是有的。但是我坚信一句话：路是自己选的，要么成为笑话，要么成为神话。所以，我把所有的质疑和委屈都藏了起来，然后付出比别人多几倍的努力，结果现在怎么样，那些曾经把我屏蔽的电商老板和高管们，一个个又重新来加我，来和我讨教做微商的方法，来和我谈有没有什么合作的机会！

想要成功，就必须懂得抓住机会，有魄力，有格局。你的心有多大，你的舞台就有多大。微商变化太快了，不像传统行业，十年一个变化，也不像电商一年一变，微商的变化是以月为周期的。举个我自己的例子，我当时升级总代的时候，门槛是200万元，我的代理只有200多人，我也没有那么多钱，可是我觉得既然要干就要干大，逼自己一把，结果我四处借了钱，做了总代，一年不到的时间，我创建了2万人团队，孵化了5个百万总代。而同期和我一起做省代的人，业绩、人数都比我牛的那些代理们，就是因为当时的一念之差，到现在还是省代。我不否认刚升级的时候压力大到整夜睡不着，吃饭睡觉想的都是业绩，都是团队，但是熬过来了，一切就都变得美好了。所以，千万不要低估我们自己的潜力，特别是女人，爆发起来是非常可怕的。

最后和大家分享一句话：没有莫名其妙的成功，也没有随随便便的精彩。在微商这个行业里，我们要么成为神话，要么成为笑话，希望大家都能活出最好的自己。

第三章

万能的朋友圈，魔幻的财富圈

1. “朋友圈四有”：有利、有用、有益、有趣

朋友圈，几乎从一开始我们就在谈论它，在此后的章节中，我们还会反复谈论它。没办法，它实在是太重要了！

朋友圈是我们的阵地，是我们的舞台，也是我们的店面，而我们则是自己的代言人。

我的一个学员曾跟我探讨说：“老师，我有时候觉得，咱们微商做的就是个不要脸的事业，频繁地刷屏，反复地招人烦，您认为呢?”我说：“绝不是。那种认为做微商是不要脸的事业、招人烦的事业的人，要么是没摆正心态，要么是缺乏技巧。”他听后似懂非懂。其实，做微商，成功的前提就是让人喜欢我们，只有让别人喜欢我们，才有可能喜欢我们的产品。别人为什么喜欢我们？往大说，是因为我们值得喜欢。往小说，是因为我们有个人魅力。接下来我们就来探讨如何让自己成为一个为人所喜欢的人。

这里，我们先讲“朋友圈四有”，也就是“四有原则”。

何谓“朋友圈四有”？

有利、有用、有益、有趣。

所谓有利，就是要做到哪怕是广告，也是对别人有帮助的。我们看电视、电影时讨厌广告，是因为我们不需要，至少不是急需相应的产品，但如果换成一个急需相关产品的人，如正在被某种病痛折磨的人看到一种特效药问世的广告，那就是福音了。做微商也是如此。

所谓有用，是指无论我们发的内容是长是短，至少它进入我们的朋友圈内就应该有实用价值，也就是拒绝无聊。例如，我今天发了一条内容，标题就叫“生活小常识”，但是我可以在内容上做文章，可以利用自己所卖的产品教大家一些实用的生活小技巧，这样既传播了知识，同时也是对自己的一种宣传。换言之，你发的内容要尽量兼顾受众与自我，对双方都有用才是真有用，大家好才是真的好。

所谓有益，其实与有利、有用异曲同工，不同点只在于有利与有用的信息大多是可以直接利用的，是更加具体的实用信息。而有益，是指只要这条内容对人是好的、正面的、有益的就可以。例如，早上起来，我先发一个小笑话，让大家看到我的朋友圈更新后都能笑一笑，开心一下；或者发一段有正能量的、激励人的话，让看到的人都心态积极、乐观一点，这有什么不好呢？又如下页图片中的这个笑话，通过朋友圈互动信息可以看出，确实给大家带来了笑声。

所谓有趣，是说你发的内容要有乐趣，让人觉得有意思，想继续看下去，甚至百看不厌。比如发一些小游戏、谜语、心理测试以及一些搞笑或者有益的视频、图片等，这些都是人们比较喜欢的东西。

比较常见也比较实用的套路是接连发两条内容：前一条发一个有趣的心理测试或者谜语之类，稍后在第二条里公布答案。这样做，既可增加互动性，又可以测试出朋友圈里有哪些人在关注你，接下来你就可以展开下一步动作了。

如果能够兼顾以上四点，那自然再好不过，如果不能，相互结合、

穿插也可以，只要我们能够在制作或者搜集内容时心中想着这四点，那我们的朋友圈内涵与实效肯定会一日胜过一日。

2. 硬广告不如软广告，软广告不如与客户互动

上一节我们提到了广告，在这一节，我们把它说清楚。

即便不是业内人士，相信大家也经常会听到“硬广告”与“软广告”这两个词。首先来看一下它们的区别。

在以前——我们先说以前——硬广告不外乎电视广告与平面媒体。它的优点是传播速度快，杀伤力强，受众最广泛，利用反复播放可以增加公众印象。受此影响，到现在，硬广告也备受欢迎，因为它确实有效。比如我们熟知的脑白金广告，一句“今年过节不收礼，收礼只收脑白金”反复播映，在黄金时间更是如此，凭借此广告对脑白金的大力宣传，史玉柱东山再起，不但还清了欠债，还赚得盆满钵满。但是，它也开创了强奸式广告的先河。进入微时代，软广告大行其道，这种简单粗暴的硬广告的缺点也一一浮现，如渗透力弱，费用昂贵，传播同质化等。

而软广告，它与硬广告的区别主要体现在营销目的的包装上。硬，就是很直白地营销；软，好似绵里藏针，收而不露。等人们发现这是一篇夹带着软广告的软文时，他们早已掉入对方精心设计的陷阱，并且不

那么反感。软广告追求的就是这种春风化雨、润物无声的传播效果。如果说硬广告是刚猛无情的少林功夫，烧钱无悔，那么软广告则是绵里藏针、以柔克刚的太极，借力打力，花小钱办大事。

软广告虽软，但没有硬实力，也是操作不了的。所以，虽然时代在快速变化，硬广江河日下，但我们依然会在各个微信群、QQ 群里发现很多人，动不动就用一大堆图片或一大堆文字介绍把我们的屏幕占满……很多人会为此很恼火。但我有点儿佩服这些发图片或文字的人，至少他们的执行力还是可以的。不过，我也想问问他们：这么发广告，效果有多大呢？

别再这么发了。要记住两条：第一，硬广告不如软广告；第二，软广告不如与客户互动。

广告是干什么的？不妨从它的词源说起。广告首先源于拉丁文"advertere"，意思是"注意、诱导及传播"。后来演变为英文中的"advertise"，是"使某人注意到某件事"的意思。英国工业革命后，商业空前繁荣，"广告"一词开始流行。我们之前反复说过，人首先是消费者；经济学家则告诉我们，经济无非就是研究供给与需求的关系。社会上的商品很少时，不发广告，人们也会慕名而来，这倒不是酒好不怕巷子深，而是因为除了你这条小巷，别处无酒可卖。当社会上的商品较多时，广告的作用就显示出来了。由于你发了广告而竞争对手没有发广告，所以只要你发个广告，就会有人来买。当社会上的商品非常多的时候，人们都在发广告，你写篇软文，做做软广告，就会软化一批顾客的心，促成销售。当社会上商品极多，处于买方市场，乃至到了不得不进行供给侧改革的时候，别人都学会软硬兼施，既打硬广也发软文时，你就必须做做新文章了。

做什么新文章呢？互动。

如何互动？这是我们接下来要探讨的问题。但在探讨如何互动之前，我们必须提醒，以微商为例，看待硬广告与软广告，不能太机械、太僵硬。如有些朋友了解了上面所讲的内容，就一条硬广告也不发了，这样做也不可取。

成功学中有个“二八定律”，也叫“20/80 法则”。该法则揭示出了这样一些规律：世界上 20% 的人拥有 80% 的社会财富，我们日常工作中的 20% 至关重要而剩下的 80% 平平常常，公司 80% 的销售来源于 20% 的销售人员，等等。该法则的价值在于，提醒我们关注并且是密切关注那些真正值得我们关注的 20%，而不是 80%，更不是百分之百。“20/80 法则”也适用于微商行业。但具体到发广告，操作时要注意反转。也就是说，你的朋友圈中最多只能有 20% 的广告，否则就会让人反感，人们即便不拉黑你，也不会看。其余的 80% 发什么呢？价值。前面我们讲过“朋友圈四有”，这里就不再赘述了。

但是，我们只是说“硬广告不如软广告”，而不是说硬广告一无是处。如果我们将来实力壮大，去央视做个硬广告，也未尝不可。从一定程度上说，做软广告也是资金有限者的无奈之举。正所谓“软广告变硬不可怕，硬广告够软人人夸”。执迷于硬，效果会很软；执迷于软，则是另一种硬——生硬！

讲得更明确一点，我们发广告也好，发价值也罢，最终目的都是为了销售。基于此，所谓软广告，就是说我们尽量不要在朋友圈直接推送产品信息，而要尽量通过自己的分享或者是朋友的反馈等方式去达成目的。试想一下，当我们同时在朋友圈里发布软、硬两种广告，前者是赤裸裸的产品图片，后者则是本人具体使用产品的照片再加体验感受或者是自己使用前后的效果对比图（见下页），相信不用我说，大家也都知道是后者更受圈内好友的欢迎，也更有效果。

做到这一步，还仅仅是入门而已。做微商，互动是必修课。

仅就发朋友圈而言，互动就是说你不要光顾着自己发圈，然后看到有人点赞就开心，有人留言就乐观。想要别人为你点赞，就先去给别人点个赞。想引起别人的关注，就先试着关注别人。当然，互动不是让人一味点赞。做微商，总的来说是个走心的事业。不分青红皂白，上去就点赞，那是传说中的“点赞狂魔”，往往容易引发负面效果。

举个例子，某客户家中明明发生了不愉快的事情，如情侣吵架了、丢钱包了、奖金被扣了等，你看都不看，直接上去点赞，客户会开心吗？当然不会，只会觉得你幸灾乐祸。

赞美，人人都需要，这是人性的弱点，但点赞要点在点儿上，不能拍到人家的马蹄上。拿我自己来说，有一天，我看到一个潜在客户在朋友圈里发了自己成功拿到驾照的照片，马上给她回复朋友圈，说：“李姐看到您拿到了自己的驾照，真替你开心，恭喜你！”李姐之前只是个潜在客户，甚至还对我有一点点小反感，但我点赞之后没多久，她就成了我的客户。

你看，朋友圈营销就是这么简单，我们只需要和伙伴们经常进行互动，就可能会有不错的战绩。让我再重复一遍：硬广告不如软广告，软广告不如与客户互动。我也不介意再次重复一下互动的重要性：如果我们经常在别人的朋友圈里刷存在感，久而久之，你的非常用心的点赞和评论必然会引起对方的关注，对方肯定会想这人是谁呢，为什么总是来给我评论呢？慢慢地，她对你就有印象了。以后能否成交，能否把对方发展成你的代理，是以后的事，至少已经开了个好头，不是吗？

3. 九阳神功：生意是“晒”出来的！

一本微商实操书，怎么越写越像武侠小说呢？

无他，为了大家感兴趣，好记。同时，这也是对我们之前讲过的“朋友圈四有”中的“有趣”法则的最好践行。

说到这儿，不妨宕开一笔：我既可以把这一小节的名字叫作“九阳神功”，也可以把它命名为“九个太阳”，前者是金庸创造的一种盖世武功，后者是齐秦的经典流行曲目，孰优孰劣，见仁见智，但初衷是一样的，大家策划文案、写微信文章时，根据自己的喜好灵活运用就好，不要拘泥。

“九阳神功”，顾名思义就是说天上有九个太阳，那地面上是不是很晒？如果我们的朋友圈里有九个太阳呢？是不是也很晒？是不是需要狠狠晒？

没错，这一节我们主要讲这个“晒”字。

晒什么呢？

一晒辛苦。初做微商，首先要去晒辛苦。晒辛苦，不是让你去叫苦，当然更不能埋怨，而是要通过晒辛苦让人看到你在忙碌新的事业，并且让大家觉得你的事业是真实的，是值得的，你这个人是值得认同的，值得追随的，等等。举例来说，如果你是宝妈，你可以在中午时发个宝宝的图片，配上自己代理的产品的照片，以及“家里的小霸王终于午休了，现在开始给大家打包发货，各位小主久等喽～～～～”之类的字样。这样是不是可以在无形之中宣传自己的生意，同时也可以激发人类伟大的同情心，支持你一把，或者加入你的麾下？

二晒激情。做微商的激情，没做过的人是不会了解的。特别是那些宝妈，在没做微商之前，每天陪伴宝宝，自然也是满满的充实，但是不是没有别的乐趣所在？是不是没有更多的忙碌点、着眼点？是不是通常也没有别的外界交集？更重要的是，她们是不是找到了改变命运的契机？而自从做了微商之后，她们交到了很多朋友，每天吸收到很多的正能量，激情满满。

在做微商的过程中，是不是会有很多的感悟？这些感悟是比激情更伟大的赐予。或者说，它们是激情归于平淡后的激情。激情总会过去，但感悟往往不仅影响久远，而且一个人的感悟模式一旦开启，通常也是停不下来的。仅仅是赚钱，没什么了不起的，不做微商，也可以通过做别的赚钱。但想成为一个会思考、有悟性的人，实在不容易。人们愿意接近那些成功人士，难道仅仅是因为他们有钱吗？人性的弱点告诉我们，人们内心里其实是嫉妒他们，不愿意接近至少是不愿意亲近他们的。而人性的优点则告诉我们，人们接近他们，是为了习得一些教益、道理或人生哲学。如果你能时不时地悟出些小感悟，特别是那些有说服力的小感悟，是不愁有人与你产生共鸣的。一旦有了共鸣，无论是销售业绩，还是团队壮大，都是水到渠成的事。

三晒团队。有团队，本身就是一种优势。优势就是用来体现的。不晒出来，即便有优势，也没意义。那么，晒些什么呢？可以是团队的课程，也可以是团队成员的成长经验分享，还可以是团队里大家一起玩游戏、相互帮助解决产品疑问和销售疑问等。这些主要是晒给那些小白看的，他们看到我们的团队就像一个大家庭，如此有爱、有魅力，自然会被吸引过来。现在早已不是个人奋战的时代了，选择一个好的团队、好的品牌，抱团打天下，这个道理，小白们还是懂的。你没有这些优势，人家选择你干什么？你有优势不晒出来，别人照样不知道。

四晒产品。诗人卞之琳说，你站在桥上看风景，看风景的人在楼上看你。你可能是在漫不经心地发着朋友圈，但有心人正在看着你呢！人家在审视你，在给你估值。别人在想：这个总发圈的人值多少钱？是否值得信任？加入他的团队能有多远的未来？如此等等。

这里需要提醒的是，晒产品并不是一味地发广告。必须发广告时，也要结合前面讲过的，以软广告的形式，以分享价值为主去发，这样即使不能吸引人，至少不会惹人生厌。

五晒发展。人们常说，要用发展的眼光看问题。朋友圈里的人何尝不是这样的呢？刚开始做微商，大家不信任你，是非常正常的。因为你还不值得信任。你必须拿出一定的成绩来。等你有了成绩，有了成就，他们会自己说服自己信任你的。具体来说，晒发展就是随时晒自己的状况，在后期要尽量结合前期，比如你刚刚做微商时是什么样子，做了一个月之后又是什么样子，半年后又收获了什么……让别人看到你一路走来的付出和收获，成长与发展，团队发展如何快，在这个过程中你有哪些改变。在晒发展的过程中，要注意集中展示两点：第一是你选择做微商后你的成长或者是直观的收入；第二就是让人看到你的坚持，你的坚持是对产品品质的无形宣传，过硬的品质是让人坚持下去的基石，是走过泥泞、迎来彩虹的前提。

六晒用户。这一点比较简单，也就是让人了解你的朋友圈里用户非常多。毫无疑问，这也是一种展现个人优势与团队优势，增加别人对你的信任感的好方法。

七晒社交。这一晒，可以根据个人情况，尽情发挥。例如，你暂时的主业是做房地产，那么你在工作中参加一些有价值的楼盘开盘的图片与资讯等，肯定受那些有购房需求者的欢迎。再如平时跟几个小姐妹、几个同学一起出去聚会、旅游的经历，也可以当成社交资源，而且我们可以在发圈时顺便写道："做微商就是不一样，可以一边玩一边赚，自由自在！"类似的软文，会让你朋友圈里那些经常看到你玩、自己也喜欢玩的潜在代理非常羡慕，蠢蠢欲动。

八晒媒体。现在虽然是自媒体时代，但主流媒体永不过时。相对来说，主流媒体的新闻报道还是更具权威性与说服力的。如果一些主流媒体的新闻资讯中提到了我们的产品、厂家或者其他与之相关的正面信息，一定要及时发到自己的朋友圈里，这样会让顾客的信任感更强，更有利于接下来的业务开展。

九晒成交。这几乎是最重要的一点。试想，如果我们每天都在晒，晒这晒那，反复宣传我们的产品有多好，我们的人品有多棒，但就是没有成交，别人会怎么想？举个简单的例子，我们在网购时，在看中一件衣服后，买之前是不是一定会先看看它的销量以及所谓的买家秀，看看他们买到实物后的反应和效果？微商说到底也是网购，那些潜在买家的心理是同样的。看不到你的成交，他们会自然而然地想：人们还是识货的。这人的产品太差，所以一件也卖不出去。所以，我们要定期在朋友圈晒我们的成交记录和反馈记录，让顾客看到我们的产品效果所在以及我们的人的品质所在，才能百尺竿头，更进一步，卖出更多产品，吸引更多代理。

还有没有更多的晒点呢？应该说是有的，如晒品位、晒增员、晒领悟等，有些与我们上面介绍过的内容类似，有些则完全不同，但也没关系，“九”字本来就有多的意思。可以这么说，凡是对我们开展业务有利的内容，都可以拿来晒。

4. 六脉神剑：环环相扣，剑剑封喉！

六脉神剑，是金庸武侠小说中的武功。闲言少叙，是哪六脉呢？

第一脉叫连续剧。

很多人对连续剧都没有抵抗力，包括那些声称自己从不看连续剧的人。爱看连续剧的人普遍爱追剧，我们不过是把这种追剧心理应用到了我们的朋友圈经营中。简单来说，就是说我们的推广软文一定要像写连续剧一样去写、去发。比如把一个客户与你之间发生的所有故事或者经过都写出来，包括这个人之前任你说破了嘴皮就是不买你的产品，现在却主动找你买了，或者她使用你的产品之前皮肤如何，购买了之后由于使用不得法闹出了哪些笑话，经你指点后终于有所改善等细节，把整个过程像连续剧一样编辑出来，通过朋友圈分享给大家，要不了多久，连续剧的魔力就会发挥出来。这一来是因为大部分人都有追剧心理；二来坚持写连续剧可不是一般人能做到的，文采如何另论，单是这份执行力就不是一般人能做到的，至少我们朋友圈中 90% 的人做不到。当看到如此执着的你，他们是没有理由不佩服你、不认可你的。

有些朋友会有疑问：一条微信可以编辑的字数是有限的，我们不可能一次就将所有的经过都写下来，怎么办呢？

这里告诉大家一个绝招，那就是学会给你的连续剧编码，写时把它按照1、2、3、4、5、6、7……这样的顺序去写，发的时候也按顺序一条一条地发。实际上，这也是我们把它命名为“连续剧”的主要原因所在。若是一下子写完了、发完了，那就不叫“连续剧”而是“独幕剧”了。

编码的好处还在于，当某一天我们再回过头来看自己曾经努力的经过时，会发现不经意间自己已经坚持了这么久！这是自己给自己的最大激励，同时也会让别人看到我们的成长，吸引更多的人加入我们的战队。

正如很多小说或影片会采用倒叙法一样，我们也可以倒着编码。比如我们想在微信朋友圈分享一个课程，姑且称之为“微商创业108招”吧，我们可以打破常规，不从第1招开始，而是从第108招开始，然后一天一招，107、106、105……这样做主要是为了加深印象，使人们对你产生期待。倒着编码，受众的潜意识里总觉得你还有课程，未来还有更多，如果你的课程确实有益、有效，那么他肯定会准时收听……有人说，这有点控制人的思想的感觉，其实这不过是一些非常浅显的心理学知识的应用，远没有那么严重。

第二脉叫回马枪。

在写相关知识或相关技巧到了关键之处，而自己又精疲力竭实在写不下去时，或者自己有要事必须得先去办时，以往，我们一般会效仿写长篇评书的前辈，以一句“欲知后事如何，且听下回分解”来解决问题。但以后我们就不要这么写了，我们可以这样写：想知道答案，请看上一条朋友圈。这就是回马枪。

如果对方已经被你的内容吸引、打动，那么他一定会点开你的上一

条内容。如果你的上一条足够精彩，他要不要再去看一看上上一条呢？要，弄不好他会把你的朋友圈全部翻一遍呢！在这一过程中，他势必会看到你的产品推广信息，从而增加你最想让人看到的内容的曝光率。熟练使用“回马枪”，可以让人长期不断地去翻你的朋友圈，10 条、20 条、30 条，一周以上、半个月以上、半年以上……天长日久，效果不言而喻。

第三脉叫行动指令。

写朋友圈很重要，给别人下指令更重要。没指令，别人都不知道下一步要干什么，我们等于是在做无用功。很多朋友可能会想：我怎么能在朋友圈下指令呢？大家都讨厌被指挥、被命令，他们怎么可能听我的指令呢？

其实非常简单，这里所说的指令是建立在与客户沟通基础上的。举例来说，今天我想在朋友圈里做个准客户的筛选，为此，我会在朋友圈里这样写：今天我会分享一个快速赚钱的方式，想听的朋友回复 1；或者今天我来考考大家，答题速度最快者会得到我或我们公司赠送的产品的小样或礼品，限前十名，如果你想要这份礼物请回复“我要”……如果你的朋友圈不是一穷二白的话，那么过不了多久，就会有很多人回复你了。这些人就是我们的潜在客户，而且是非常精准的。我们不过是给他们下了个行动指令，他们就自己蹦出来了。我们要经常使用这一招，经常跟自己的客户互动，并在此基础上展开深层次互动，提高转化率，促进营销。

第四脉叫文字链。

顾名思义，就是说你的以文字为主的信息推广不能各自为政，要相互关联，形成合力，从而更好地塑造你所代理的产品的形象，同时彰显你的人品。这和连续剧有点类似，这里就不再展开了。

第五脉叫图片链。

图片链与文字链大同小异，无非是把上一脉的文字换成图片而已。具体来说，是指我们所发的每张图片之间都应该是有关系的，要一环扣一环，环环相扣，让图片的内涵去代替我们讲话。一位作家曾经说过，有时一幅有价值的图片比几万个字都有说服力，我们一定要予以重视。

第六脉叫活动链。如果你的文字信息不能相互割裂，你发的图片应该环环相扣，那么你在朋友圈做活动也应该一条接一条，不能一会儿是这个一会儿又是那个，给人一种思维错乱的感觉。

“六脉神剑”，我们可以只用一招，也可以结合起来，六剑齐施。一般来说，综合运用肯定比只用一招好。如果有团队的话，那力量更加不可小觑。2015 年我们曾经使用“六脉神剑”做过一个活动，当时我们集中了 100 个人一起发圈，大家从晚上 8 点 45 分开始，把提前编辑好的 8 条信息，每隔 20 分钟发布一条，然后穿插着使用“连续剧”“回马枪”“行动指令”以及活动的图片等，一环扣一环，只用了一个晚上，100 个人通过微信公众平台吸引了 3900 多位潜在客户的关注，招收了 481 个代理。

我们当时还给它起了个名字，叫“百团大战”，因为它要求很多人一起参与，也比较高效。这其实也是我们朋友圈营销的真正精髓所在。

5. 如何开发朋友圈的陌生客户

微信的成功之处在于，它创造了一个没有陌生人的世界。“沟通没有尽头”，因为微信有数亿名用户，有着无穷无尽的资源，这也是我们做微商的主要优势之一。

但是，我们不妨先在这儿提个小问题：

你的微信朋友圈里现在有多少好友？这些好友当中有多少是和你聊过天的？

有些人看到这儿可能已经在查自己的通讯录了，其实我只需要一个大概的数据，如好友数量大概 3500 人，聊过的 2000 人；好友数量 500 人，聊过的 450 人；等等。

根据我以往的调研，发现了这样一个问题，那就是微信好友比较多的人，聊天率反而会相应地减少。这是为什么呢？

很多人经常抱怨，说什么微商饱和了，现在不好做了，天天发朋友圈也没人搭理，现在做微商到底还能不能行。在此必须指出的是，行业还是原来的行业，特别是微商，刚刚兴起，不存在夕阳行业，做得好与不好，完全取决于我们个人。

上面的数字很能说明问题。大家看一下我们自己聊过的好友数量，就知道自己到底有没有在用心做了。不要抱怨没生意，如果每天只知道疯狂刷屏，连朋友圈里已经是你好友的朋友你都没有用心聊过，你凭什么会有生意？不要一天天追着你的上级问什么加粉秘诀、引流秘诀，不去聊天，不去互动，加再多的粉也没用，发再多的广告也没用。因此，建议大家先把现有的朋友圈好友都过一遍，然后再谈其他。

我们这一节的主题是帮助大家学会主动出击，告诉大家怎么去聊天，去和潜在的客户产生交集，这是很多人会碰到而且往往无从下手的问题。

与潜在客户产生交集的最有效方式是群发，而不是一对一沟通，因为一对一沟通成本非常大，非常浪费时间。如果把与客户沟通比喻为钓鱼的话，那么群发就像是一张渔网，可以大面积撒网，并有效筛选。

当然，我们今天在这里讲的群发，也不是我们惯常理解的群发，不是那种诸如“我是××，现招商!!! 来做我代理吧，公司搞活动啦!!!”或者“我是××代理，××节日吐血大回馈，买一送一”之类。这类群发只会让人感到厌恶，这类群发，还不如不发。

我所要讲的群发，也不是大家经常收到的“早安，午安，节日快乐，求点赞，天冷了多穿衣服”之类的群发，这类群发是完全没有意义的，因为我们每天都会收到一堆信息，大多数人看到这类信息会直接过滤掉。所以，类似内容能不群发也不要群发呢。

不可否认，有些人确实通过这类群发达成过交易，卖出过产品，招来过代理，但它的概率是比较低的，而且杀敌一百，自损八千。他们的思路是：我今天群发了一次，卖了 3 盒面膜，赚了 200 元，以后我每天都群发，一个月下来赚 6000 元，好开心呀！事实呢？我们群发一次两次可能是有效果的，但你群发 30 天试试，至少有一半人会拉黑你。这样群发，你失去的，远比你得到的多；你得到的，远比你付出的少。

那么，怎样的群发才是有效的群发呢？

根据我的经验，我总结出了一个有效群发三步曲：第一步，聊天混脸熟；第二步，取得信任；第三步，完成交易。

我们来讲一个具体的案例。

在节假日时，大家都会收到很多的节日问候和祝福，当别人都在群发“节日快乐”的时候，以往我们也在忙着群发，但是今后你什么都不用做了。你要耐心地等到第二天，把收到的祝福全部回复一遍：“昨天太忙了，没来得及谢谢宝宝的祝福!”如果加上些微表情，效果会更好，如笑脸、嘴唇。当然，如果你想让对方更加注意你，还可以包个小红包，金额不需要太大，0.52 元就可以。

之所以这样做，是因为人们都在群发节日问候时，问候就不值钱了，所以也很少有人会回复。而你不但回复了，还是在特殊时间回复的，还给对方包了个暖心小红包，对方会不会因此对我们印象特别深刻?

有人可能会比较心疼，群发 100 人，就要付出 52 元啊！但你要知道，只要这 100 人当中有一个人对你产生了好感或者信任，买了你的产品或者做了你的代理，你得到的就不止这 52 元。

上面的例子，旨在打通大家的思路，启发智慧。更多的案例，需要大家自己去发掘，去实践。接下来，有必要讨论一下具体的话术。

来看下面这段内容：

在吗?

亲爱哒，问你个很有技术含量的问题，相亲时如何表现，才能让对方反感自己?

这是分段式群发话术，也就是先发一条，然后再发一条。尽管这是个群发内容，但相比陈述句，会让对方觉得你不是在群发，而是在私信他，一般人们会很乐意来回复你的。

而且大家注意看，这个问题是不是非常简单？不必疑虑，越简单的问题，越让人有参与感。相对论，一般人参与得了吗？当然，这类问题也还是需要大家动动脑筋的，不要做复印机，要学会独立思考。

我们继续上面的话题。当我们发出前面讲过的分段式群发内容，就会有很多人与我们互动，因为快到年底了，被逼婚、被安排相亲的人肯定不会少，肯定会有不少人回复你。对此，我们要擦亮眼睛，成交可能就在眼前。

比如他可能会回复："你也被逼相亲了吗？"这里，大家要注意一个字——也，这个"也"字很好地透露了对方也有过这样的经历。换言之，你们已经有了共同语言，你们可以从这个话题展开来聊，至于聊天内容，那实在是太多了。

比如你可以问他："你现在脱单没？我朋友圈好多单身，我们要不要玩个群，把单身的好友都拉进来，看看有没有自己喜欢的类型？"通常这个时候，人们都会说"好啊"，那我们是不是马上就要拥有一个新群了？作为群主，如果你不是完全拿不出手的那种，是不是接下来会有很多人加你？你的人脉圈是不是会像滚雪球一样扩大下去？

很明显，我们所讲已经超出了单纯的群发话术，只要拿捏到位，诸如引流、销售、建团队，都可以帮你完成。这正是微信的魅力所在。还是那句话，上述内容旨在扩展大家的思路，而不仅仅是提供案例。智慧藏在生活的每个角落，我们要学会思考，学会举一反三。

6. 会聊天，你就赢了！

经常听人说：“会聊天，你就赢了！”那么，怎么样才称得上会聊天呢？这个问题没有标准答案，但关于聊天，特别是微信聊天，以下几个关键点不容有失。

比如在上一节中，我们提到了分段式话术，并强调最好以提问的方式展开，可是，如果大家想发情感类的问题或话题，最好选择晚上 9 点以后。因为晚上 9 点之后，人的意志力相对薄弱，人的情感会非常脆弱，容易冲动，容易袒露内心，需要慰藉。

我们要知道，微信虽然不像银行一样早上开门晚上关门，可以 24 小时都在线，但它有相对的高峰和低谷。一般来说，上午 9 点至 12 点，晚上 6 点半到 9 点半比较活跃，两者中又以后者最为活跃。我们想获得更高的关注度，就应该选择人们最为活跃的时段去发，而不能等夜里两三点钟大家都睡觉了再去发，这样会影响人家休息不说，即使有人看到，也只有几个夜猫子，概率太小了。

另外，微信群发不能太随意，不要想发就发，因为过于频繁会让对方反感，别人会感觉你这个人怎么这么闲，天天问问题，太烦了！然后，你会被拉黑。所以，建议 1 个月群发最好不超过 1 次。

这是第一个关键点——时间。

第二是工具。“工欲善其事，必先利其器。”微信不也是一种工具吗？没有微信，我们怎么做微商？做微商，除了微信，其他一些必要的工具也不能少。

比如大家在群发的时候，要尽量打开网页版微信。因为手机打字太慢，如果你群发的量比较大，根本就回复不过来。群发最重点的部分，就是你要用心、用速度去回复他们。

如果没有电脑，建议那些打字不快的朋友在手机上装一个讯飞输入法，该输入法特别好用，人称“懒人必备工具”。这不是说使用它的人都是懒人，而是说它的功能实在是太便捷。简单来说，它是一个你只需要动动嘴，就可以输入文字的软件。它的识别率很高，只要我们正常发音即可。就算你不会讲普通话也没关系，它还支持方言，识别率同样很高，比我们用手打字快多了。

有电脑的人，建议做一个快捷回复的文档，保存好，当有人回复类似信息的时候，你就可以把早已编辑好的内容直接复制、粘贴过去。这样做的目的不仅仅是为了方便快捷，也是因为在群发的时候你不能让对方等太久，否则对方会觉得你不礼貌：你问我问题，还半天不回答我，什么情况？当然了，如果你担心自己的反应速度跟不上，群发数量可以少一些，30 人、20 人、10 人，都可以。

除了微信网页版与讯飞输入法，诸如微商水印相机、小 Q 画笔以及一些微商海报模板等，都是很受微商人欢迎的专业工具，这些工具都不难运用，请教一下朋友，或者上百度去查寻即可，鉴于篇幅，这里就不一一介绍了。

第三是执行。我们在与人沟通的过程中，有些人可能会不喜欢你，拒人于千里之外，乃至直接删除，这是很正常的，不要因为一两个人不理自己就放弃。不喜欢我们，大不了不聊，删除他就可以了。如果你的朋友圈基数够大，按照上述方法贯彻执行一段时间后，僵尸好友的激活率会很高，朋友圈互动率往往会翻几番。我们可能都听说过微博、论坛引流等，在后面章节中我们也会具体介绍，不过，如果一个人文案功底不是很好，或者根本就是完全不好，那么还不如在朋友圈和陌生好友多聊一聊。

通过与很多优秀的微商沟通，我发现大家刚起步时，所做的基本上就是每天和别人私聊，不停地聊，聊久了，对方自然会关注你，同时关注你的一切，你在朋友圈随便发什么内容他都不会觉得太唐突。

聊天的中心思想是什么呢？很简单，大家要学会给彼此一个发生关系的机会。在我们的名气不是很大，没有多少人主动加我们的时候，我们一定要想办法主动出击。如前所述，微信的成功之处，在于它创造了一个没有陌生人的世界。如何创造没有陌生人的世界？沟通。大家原本都是陌生人，只有想办法跟他们聊天，和他们产生交集，对方才会关注到你的朋友圈，你才有机会成交。至于聊什么，无论是群发群聊，私发私聊，能够聊的东西实在太多，事业啊、生活啊、感情啊、爱好啊，什么都可以聊。有些人，可能刚开始并不需要你的产品，只是需要别人陪他说说话。但谁敢断言，他日后不会成为我们的顾客乃至代理呢？

第四是符合。当我们问对方一些情感化的问题时，比如前面说过的被逼婚案例，其前提是必须符合身份，符合自己的实际情况。也就是说，如果你已经结婚了，而且还经常在朋友圈里晒孩子的照片，就不要再问关于相亲的问题了，人家一看就是假的，接下来就没得聊了。

第五是管理。

不要聊过之后，就撒手不管了。可以说，朋友圈就是我们的银行，必须好好维护，好好打理。在这里，仅讲一些最基本的朋友圈管理，更多心法，还需要大家自己体悟、总结。

例如，谁回复你了，可以给对方备注上“YL”，也就是已聊的简写字母。

聊得不错的话，你可以备注“YK”，也就是“聊得愉快”的意思。

当然，还需要时不时地给那些聊过的人的朋友圈进行评论、点赞，一般来说，每周至少应该两次评论对方的朋友圈，混个脸熟。

再如，群发时，每次群发都发到谁了，一定要用笔记下来，不然把同样的问题再次发给同一个人，别人一看就知道你是编排好的，后果可想而知。

◆微商分享课堂——梦想无国界，爱拼才会赢

大家好，我是刘冬芝，欧诗漫省代，来自花漾国际团队，是一名刚毕业的大学生。2014 年，我就开始在 QQ 上接触到了微商，说实话，刚开始感觉很反感，后来开始敬佩，因为她们真的很正能量，每天都是激情满满的样子，而且不耽误工作、生活，还能挣钱。而这恰恰就是我所需要的。

那一年，我过得很差劲，上的是二等大学，家里很穷，每学期都靠助学贷款和做兼职维持生活。人长得不漂亮，和学校那些比拼吃穿的同学相比，我像个丑小鸭，所以我自卑、迷茫，再加上我是家里的长女，小妹也即将上大学，妈妈又生了病需要做手术，感觉自己要被生活的重压逼疯了！然而，自尊心和责任感不允许我向命运低头！2015 年新春，那时正在放寒假，到处洋溢着欢乐，而我却经历着内心的抉择。我咨询了我现在的领导小凤，考察了很久，也犹豫了好久后，毅然决定把一学期的生活费以及平时攒的 2000 元钱（每天伙食控制在 3 ~ 5 元）全拿出来进货。已经认准，所以不给自己留任何反悔的余地；因为抱着一定要做好的决心，所以我每天都拼尽全力。

下定决心做微商后，我第一次安装了微信，上面一个好友都没有。不敢跟家人说，每天晚上等家人睡着，我自己戴着耳机躲在被窝里偷偷听课，记笔记。讲师讲的课，我都反反复复地听，一字不落，从头记到尾。寒假20多天，我整整记了满满两个厚软抄本！讲师怎么讲，我就怎么做，就因为简单相信，所以坚决执行。

加人是头等大事，按照老大的方法，我尝试了很多种，每天晚上都是两点钟后才睡。跟顾客聊天，刚开始根本不知道聊什么，因为性格内向，不善言谈，总是聊着聊着别人就把我删了。很苦恼，但这依旧咬牙坚持，每天满脑子都在琢磨该怎么发起话题，怎么组织语言，和别人聊哪些内容不会反感。没想到，因为这些努力，我整个人也变得开朗了，每天都非常忙碌、充实，很少有无谓的感伤了。

开学后，我跟同学讲起我做微商这件事，很意外，没有人支持，反而有很多人反对，有太多不理解，以及恶意对待。她们说我陷入了传销，说我不务正业，甚至经常在我背后指指点点，但这依然没有动摇我做微商的决心。因为我知道，我的选择是对的，我是为自己而活！开学第一个星期，我就招到了自己的第一个代理，是之前聊过一次的陌生好友。她说感觉我是个非常努力的人，她信得过。我非常激动，也有点紧张，害怕带不好她，于是选择更加用心地学习，每次都会把自己听到的课程记下来讲给代理听。就这样，我和我的代理陆续招到了更多的代理，团队在发展起来的同时，我也成了一名优秀讲师。

到今天，我做微商已经整整两年了，开学后的第一个月，我挣了6000元钱，给妈妈付了医药费，妈妈顺利地做了手术；第二个月挣了8000元，给家里添置了一台冰箱；第三个月以后，每个月都有上万元的收入，我拿出将近3万块钱，把家里的土房重新装修了一下，让家人住上了新房子。2015年9月，小妹如愿考上了大学，她现在每学期的学费和生活费都是我在供应。

2016 年 11 月，我买了一套价值 72 万元的房子，准备留给父母养老。我觉得，做微商除了赚到了钱，最重要的是它真正改变了我的命运，使我没有像其他人那样庸庸碌碌地毕业、打工、嫁人，不再每天抱怨命运不公，哀怨生活艰难。现在的我，积极、乐观，口才表达能力也得到了很好的提升。我去过很多地方，参加过许多次公司会议，获过许多奖项，丰富了人生阅历。以前看不起我、嘲笑我的同学，现在都对我竖起了大拇指。同时，我也体会到了帮助别人、让自己快乐的心情，能够帮助数百位代理挣到钱，帮她们改变了人生，我觉得一切努力、一切付出都是有意义的！

最后送大家一句话：心有多大，舞台就有多宽。不要去抱怨生活，接纳、改变、感恩，每个人都可以创造一个绚烂的人生，任何时候开始都不算晚。

少年，你天生傲骨，怎能服输?!

第四章

粉丝经济学，涨粉全攻略

1. 要粉，但不要僵尸粉

“粉丝数都可以造假，这微博还有什么好玩？粉丝 GDP？我不想玩了!!!”6 年前，著名节目主持人陈扬曾公开质疑自己的微博粉丝数，随即关掉了自己的新浪微博，当时，他的粉丝数已经超过了 4 万。

当时是 2010 年，那时还没有微信，微博“一家独大”。但这颗互联网新星没能催生出健康的产业链，反倒令旁门左道人士发了一笔横财。假粉丝、假转发等现象已成为微博的毒瘤，也成为微博地下经济的一部分。之后有了微信，相应地毒瘤也不可避免地扩散到了微信特别是微信公众号上面。

众所周知，微博也好，微信也好，其盈利模式无非两步：第一步，先把人气聚起来，也就是说要有粉丝；第二步，代理广告，赚取广告费，或者给自己做广告，促进产品或服务的销售。其中，第一步是关键，是难点，因为当你有了一定数量的粉丝，第二步就是水到渠成的事。我们做微商的，粉丝多了有什么好处，自不必说。就算你不做微商，你有可观的粉丝，很多商家也会主动去找你，就怕你没有关注度。

中国“站长之王”蔡文胜曾经这么说：“当你的粉丝超过 100 人的

时候，就可能有 1000 人看你的内容。当然这是在你的内容必须吸引到粉丝去看去转的情况下，只有内容吸引或者是粉丝感兴趣的话题才能得到他的转发或评论。当粉丝超过 100 人的时候，你就好像是本内刊；当粉丝超过 1000 人，你就是个布告栏；粉丝超过 1 万人，你就好像是本杂志；超过 10 万人，你就是一份都市报；超过 100 万人，你就是一份全国性报纸；超过 1000 万人，你就是电视台；超过 1 亿人，你就是 CCTV 了。”

粉丝背后的价值不言而喻。

问题是：粉丝从哪里来？

一般来说，不外乎三种：主动加你的，你主动加的，买来的。

粉丝多，特别是主动加你的粉丝多，说明你是有价值的。对方既然加你，肯定就是认可你了。众所周知，粉丝是英文“fans”的中文直译的谐音，意思是崇拜某某人、某某事物的一群人。你想想，他都崇拜你了，只要你不是太离谱，买点你代理的产品有何难？

我举一个例子来说明。我有一个朋友，他是搞文学的，做了一个微信公众号，专注于诗歌，辛辛苦苦做了一年多，但除了打赏，再无任何其他收入。为什么呢？他跟我谈了他的思路，他希望等粉丝突破 1 万人以后再去找商家做广告，赚广告费。我当时就笑了：你为什么一定要等到那么多人再给人做广告，而不是从现在做起？你为什么仅仅想给别人做广告而不考虑自己代理一款产品呢？他听了我的话，恍然大悟，现在他的微信公众号依然是以诗歌为主，每周他只做一次产品广告，但销量非常惊人。为什么？因为在此前，他已经用自己的才华深深地打动了他的粉丝们，他的粉丝们也大多是他在微信群里推送文章时被吸引过来的。

你主动加的粉丝，价值就相应较低了。尽管如此，我们还是要采取

主动，有时间、有精力，就尽可能地多加一些人。酒好也怕巷子深，更何况我们大多数人刚开始时都不是什么好酒、名酒，在这种情况下，只能尽可能地多吆喝几声，或者送货上门，以增加知名度，促进销量。微博也好，微信也罢，最难做的就是刚起步阶段，等我们使尽浑身解数，拥有了第一批粉丝后，粉丝就会自我繁殖，不断增多。

当然，我们同样需要做些甄别。如果我们的目的不是搞一个公益性的公众信息平台，而是精准定位潜在客户，达成交易，那么“主动加谁”是个看似不重要实则非常重要的问题。

营销界有个著名的案例，叫“把梳子卖给和尚”。讲这个案例的人，大多会强调只要开动脑筋，调动口才，玩转策略，和尚也会买梳子。但反过来想想：为什么要找一个这么难的突破点，而不是去卖给那些需要梳子的顾客呢？如果你现在就在代理梳子，那我建议你最好别去加和尚。

至于买来的粉丝，则完全是另一回事了。

只要在浏览器输入“买粉”之类的关键词，出售粉丝的店铺就会扑面而来。价格三六九等，贵的1元1个甚至更高，便宜的10元1000个，买得多还可以赠送。但不管是便宜的还是贵的，都会声称自己卖的是“活粉”，也就是活跃的粉丝。但事实证明，能买来的都是死粉，也就是僵尸粉。

我的一个买过粉丝的朋友跟我说过：“确实快。半天时间，就多了1万个粉丝。但他们要么僵尸，要么退起来也很快，没几天，1万个粉丝又消失了。”

我们可千万不要学我的这位朋友去买粉。

2. 先和粉丝交朋友

曾经有学员问我：“老师，你有多少粉丝？”

我说：“一个也没有。”

他非常诧异，说：“你一个粉丝都没有，你怎么教我涨粉？”

我告诉他：“我虽然一个粉丝也没有，但我有一大堆朋友。”

我自始至终都不认为自己是个多么了不起的人。只有那些自认为了不起的人，会把别人当成粉丝。我拿大家当朋友，当伙伴，我相信那些与我走得近的人也是这样的心理。

当然，你依然可以把他们定义为“粉丝”，但总的说来，你得先和他们交朋友。

我们在前面讲过，做微博也好，做微信公众号也罢，最难的阶段就是积累第一批粉丝的起步阶段。那么，在起步阶段我们应该怎么做呢？怎么做才能最快突破难关呢？

答案就是先从身边的朋友开始扩大关系链。

俗话说得好，秦桧都有三个好朋友，我们不是秦桧，人品都远在他之上，要好的朋友理论上应该更多些。而微博、微信都是社会化的媒体，社会化的核心是人际关系链，因此要想增加粉丝，不妨从身边的朋友做起。下面的几个技巧是需要我们掌握的：

第一，开始的时候，互动一般比较少，在这个阶段可以主动向朋友发一些信息。在讨论话题的时候，需要人气的时候，可以请他们帮助。不过，这同样需要建立在有意义、有意思的前提之上。

第二，提醒你的朋友们关注你。如果你的朋友没有微博，就督促他去注册一个，然后关注你。如果你开通了微信公众号，也要把文章及早推送给他，让他帮忙关注。你也可以在你的 QQ、MSN、电子邮件的签名档、名片上注明自己的微博与微信，最好有相应的二维码，然后写上“请关注”等字样。如果你平时用邮箱比较多，也可以专门写一封邮件，通知朋友们你已开通了公众平台，敬请关注。

第三，要和好朋友们充分互动，尤其是那些开通了公众平台的朋友，大家可以互粉，互惠互利。如果你有 1 万的粉丝量，对方也有 1 万的粉丝量，大家互动一下，就会有 2 万的曝光度，这会大大提升你的粉丝数量。另外，我们要知道，在互媒时代，1 加 1 的结果肯定是大于 2 的。

下面我们再来探讨如何与粉丝交朋友的道与术。毕竟一个人朋友再多，总有其限度。更多粉丝，有待我们到茫茫人海、茫茫网海中去开发。

一般来说，微平台刚开始开通的阶段是不会有太多人来关注的，所以增粉就成了平台主首先要做的事情。可是，大部分运营者在运营过程中似乎并没有考虑过以下这些问题：粉丝从哪里来？他们为什么会关注你？你了解你的粉丝吗？他们有没有可能成为你的用户或者代理？应该怎样对待他们？……

先做朋友，后做生意！这是被无数成功人士一再证明了的人间至理。做微商也是如此。而且，微商具有特殊性，做微商不同于在现实生活中开超市，顾客自己挑选一番到收银台交钱走人，它始于交流，但不结束于交流；始于情感，且应该不断绵延。不要期待未曾谋面的微友上来就成为你的用户，只有先和他交上朋友，他才有可能成为你的用户。而且，一旦你们成为朋友，他甚至会主动为你拉来更多的粉丝。这是很多人的经验之谈，也是我自己的经历。我经常会写一些微文章放到公众平台上，有时候我在群里去发时，意外地发现，早就有人给我发过了——就是那些可爱的朋友们！

那么，如何才能把粉丝变成朋友呢？

首先，要对朋友多了解一些。你可以不追问朋友的隐私，也可以不去问他的基本信息，但你至少要从专业的角度分析他们：谁是忠实用户？谁会对我的一举一动都做出反应？谁摇摆不定，想买好产品又怕上当，想做代理又担心赚不到钱白费时间、精力？谁仅仅对我们提供的额外价值感兴趣，谁又很明显地对我们的产品乃至个人感兴趣？

其次，要每时每刻保持关注。仅就初级阶段的微商而言，空有一堆粉丝是没有实际意义的，我们要认识到，他们是我们的事业乃至人生的一部分，要多关注他们，跟他们进行对话、互动。必要时，可邀请他们加入相关活动或者微文章的创作，或者利用微平台为他们解决一些生活中的小问题乃至大问题，如推荐工作、发起募捐等，让他们切实感受到自己是大家庭中的一员。真能如此，你们便超出了朋友的范畴，而升级为兄弟姐妹了。

和别人交朋友，而不是把别人当粉丝，两者的根本区别在于你能不能放下身段，或者说，不要自视清高。即便你真的很高明，也要把自己放低，主动与他们对话、互动。还可以把身段放得更低些，与他们互粉。你把自己放得越低，越尊重人，人家才会越尊重你，才会越感激你。要时不时地去粉丝的朋友圈转转，在了解他们的喜好的前提下，做适当的转发与评论。也许你的一条贴心或贴切的评论，就会让他们异常震惊：××居然这么了解我！

我在这里奉劝那些自命清高的人，人与人之间本质上是没有差别的，就算是一线明星，如果没有千百万普通人托着他们，他们也不过如此。正是因为有巨量粉丝，才会像宋丹丹说的那样，“北京台、中央台都得给点面子”。

即便我们真的很牛、很杰出，企业上了市，进了500强，但既然我们开通了微平台，那么这本身就代表我们想好好运用微商这个渠道，从而应该做好与人平等对话、互动的准备。如果不那么做，只是机械地发布一些公告、声明或者广告，微营销也就失去了意义。

这还仅仅是就技术层面而言，也就是“术”的阶段。我们反复强调，这里的“先做朋友，后做生意”绝不是空泛的口号，想交朋友，你得付出真感情。大家都不是傻子，人家是否认可你，可不是发个“亲”那么简单。

林肯说过，你可以一时蒙骗所有人，也可以长时间蒙骗一些人，但不可能长时间蒙骗所有人。我们则说，骗人也会形成习惯，而最终受害的，还是我们自己。

另外，感情是需要维系的，微友也是如此。如果你毕业之后一直没跟同窗保持联系，几年都不打一个电话，要结婚了才突然想起来让人凑份子，会让人厌恶的。微营销也是如此。要时刻想着与微友聊天、互动、讨论问题，不要让他们感觉你忘了他们、冷落了他们、利用了他们、欺骗了他们。

3. 左手微信，右手 QQ

微商，很多人对它的定义不外乎双微平台，即在微信、微博上卖东西而已，其中又以微信为主。其实，还记得我们几年前都是玩什么的吗？没错，QQ，那只当时大家谁也离不开的企鹅。今天，即便微信方兴未艾，如火如荼，也不能把 QQ 冷落了。

根据我在历次培训课上的现场调查，至少有一部分人把 QQ 遗忘了，很多人已经很久不上 QQ 了。这不要紧，我们可以用微信绑定 QQ 留言。绑定 QQ 留言之后，你的 QQ 不上，有人给你留言，你的微信便可以收到。另外，我们在发朋友圈的时候，可以一键同步更新到 QQ 空间。我本人以及我的很多代理，他们的客户以及代理，都是从 QQ 上来的，但我们基本不上微信，靠的就是这个同步更新、人们会通过我们的 QQ 空间找到我们。这些功能超级方便，也超级简便，但是被很多小伙伴忽视了。微营销技巧，其实就是这些功能的综合，看似简单，但非常有用，以往我们错失了没有关系，以后要熟练运用。

非常重要的一点是，我们必须知道，并不是所有人都玩微信的。很多白领上班族，工作与电脑有关的人，QQ 对他们来说还是不可或缺的。换句话说，冷落了QQ，就等于放弃了他们这么一大批潜在的客户。做微商，怎么可以放过这么好的推广平台呢？

从专业的角度讲，微商并不是商业创新，它只是一种渠道的创新或挖掘。这就意味着，微商与之前已有的各类电商平台、营销平台并不互斥，而且具有极大的互补性。同为腾讯旗下产品的QQ，无疑是对以微信为主要平台的微商的巨大支持。

就我本人而言，我一共有7个QQ号，由于忙，不可能天天上，但我的客户不会丢失，因为朋友也好，学员也好，客户也罢，都可以在QQ上留言给我。

接下来我们探讨怎样利用QQ做广告。简单来说，就是包装你的个性签名或者所在位置。有很多学生会说，老师，我们年纪有点儿大，不知道怎么写。我之前有个叫小婉的代理，虽说叫小婉，但实际年龄有40多岁了，相比于同龄人，她心态特别好，每天都是满满的正能量。我就教她这样设置：40岁还在青春路上奔跑的小婉——专注养生20年。这不就是广告中的战斗机——广告的广告嘛！

我们其实是在温习前面的内容：千万不要写"××产品招代理"，这样会让人反感。要像小婉那样，有正能量，但软软的，攻心为上。

最后，这可能也是QQ与微信最大的区别，也就是QQ可以直接搜群，只要输入相应的关键词即可；但微信不能直接搜群，只能让群里的人拉你，或者扫描群的二维码。

也就是说，利用QQ的这一优势，基本上我们可以想进多少群就进多少群，我们可以混群，单纯地开发QQ群里的潜在客户，也可以把一些聊得好的QQ好友转为微信好友，多平台交流，无缝对接。

这里需要讲讲群昵称的问题。很多人以为，直截了当地利用群昵称做广告没什么不好，结果QQ群里往往是天南海北，吃穿住行，卖什么的都有，你叫“面膜总代王小婷”，他叫“新疆大枣李二瓜”，或者“专卖和田玉”，等等。但这样是不是太滥了点？正确的做法是，进群后，把自己的群昵称改一下，你可以不那么高大上，但至少要有特色一些。

我前面提到过的小婉就是个不错的例子。她之前的群昵称很猛，也很炫：专卖国货美白第一的——小婉姐。结果主动加她的人很少，她主动加别人，别人也不肯通过。因为别人一看昵称就知道她是“卖货的”，原谅我说得这么直白。但她改成“40 岁还在青春路上奔跑的小婉”后，情况大为改观。本质上，她这个人一点也没变，但人家一看，嗯，好正能量，有点儿意思，马上就通过了。

我们要记住一点，几乎所有的微商都在做一件事情，那就是向全世界宣布：“我是微商！”有什么作用呢？只有反作用。因为微商太多了，实在没什么值得宣布的。一定要有亮点，一定要给人眼前一亮的感觉。

除了正能量，我们也可以起一些奇葩的昵称，或者脑洞大开的昵称。总之，要吸引别人的注意力，让人觉得你值得探求，值得交往。

以我个人为例，我混群时曾经用过“别人家的女朋友”这个昵称。我在里面一说话，就会有人觉得我很好玩，然后问我：“别人家的那个女朋友，你到底有没有男朋友啊？”

再以我之前的一个代理为例，她的昵称很好记，也很有亮点，叫“胸小的蝴蝶”，这明显是自黑，也是足够自信的表现。女生都想要丰满，都想要事业线，但她却反其道而行之，既有个性，又很可爱，一下子就拉近了相互之间的距离。

让我再重复一遍，微商是情感营销，我们只有首先让别人对我们的人感兴趣，才有机会卖出产品。

4. 在别人的圈里营销自己

穷人走亲戚，富人混圈子。如果我们已经很努力了，依然没什么作用，那多半是因为所在的圈子不够优质。所以我们要学会借势借力，裂变好友，聚变能量，提升自己的名气，最终转化为生产力。

有些圈子是很难打进去的，如超级富豪的圈子、影视巨星的圈子。但反过来说，我们又为何放着自己的圈子不好好打理，好高骛远呢？很多超级富豪当年也是圈外人，商场论剑没有他们的座位；很多影视巨星刚开始也只有跑龙套的份儿。相比于当年的他们，我们还有优势，我们有朋友圈、QQ 群、微信群！

为了便于叙述，我们把在各种圈子的活动统称为混圈子。混圈子的优势主要有以下三点：

（1）更容易获得优质资源，因为圈子、社区、群往往都有一定的门槛，融入其中，个人不难借助背后的力量。

（2）方便建立信任，大家一个群里的，经常聊一聊，总比贸然相加得好。

（3）降低人与人之间的链接成本，缩短交易时间。

当然了，永远不要忘了我们的初心——加粉，然后成交。可以说，很多圈子并不是有效的学习平台，因为终究鱼龙混杂，学习的也往往是些碎片化的东西。圈子更适合有经验的人切磋探讨，而不太适合微商小白。再者，我们进入一个圈，仅仅是为了学习，终究还是丢失了很多东西。

闲言少叙，混圈子有混圈子的要诀与门道，现在我们一一道来。

刷脸

刷脸，就是加大曝光率的意思。也就是说，进入一个 QQ 群或微信群，我们要多冒泡，不能潜水。我在这里推荐大家学点自黑式的幽默，这样会显得你很容易接触，是个致力于大众开心事业的人，别人即便不鼓掌欢迎你的到来，至少也不会因为担心不小心说错话而得罪你与你保持距离。或者是分享价值，价值永远是王道，把你的干货、好货大大方方地分享出去，帮别人解决一些问题，你就是一个有价值的人，是老师级别的人，自然会获得尊重与信任。如你进入一个女性群，可以分享一些护肤知识。自己拿不出好货，去网上、书上扒一些有趣有益的东西也行。实在不行就发红包，红包是最有价值的东西。

多渠道加粉

刷脸，是为了给人留下良好的第一印象，最终还是为了把圈里人变成我们的用户。做微商，每天要花一定的时间去加人，这是成功的基础，就好比一个鱼塘，里面没有鱼，你营销再棒、话术再厉害，也成功不到哪儿去。

混圈加粉主要有两种方式：吸引别人主动加你；一个个主动去加别人。前者已经说过，要刷脸，要自黑，要分享，在此不再展开。后者除了是个力气活儿，还要掌握些基本话术。一般我们在申请加别人为好友时，可在备注中写上“你好，我是群主推荐”“你好，一个群的，以诚会友”之类的话，这些话的通过率还是比较高的。

前面讲过，做微商的大多对微商心存芥蒂，所以一般来说我们混的圈子都不是微商群（内部群除外），而是诸如同学群、老乡群、学习群、娱乐群等。对于微商人来说，群是最重要的资源，无穷无尽的群，就是无穷无尽的财富。刚开始我们不会有太多群，即便一次给你太多群，如果不做微信公众号的话，也是浪费，因为你开发不过来，每天处理群信息就不胜其烦了。自己没群、群少的，可以让朋友把你拉到他所在的群里，可以是对他来说不太重要的群——需要注意的是，对他来说不太重要的群，往往是对我们来说很重要的群——你进去发发红包，讲讲笑话，主动加人，或者被动吸引一下。

我们也可以参加一些活动，如豆瓣同城会之类的活动，相互交友，可行的话也可以设立一个群。社会活动也要尽可能地参加，并且尽量争取登台的机会，上台就抓紧时间分享干货，只要你能提供价值或潜在价值，当你说出自己的微信号时，别人肯定愿意加你。

打入“敌人”内部

一般来说，微商招代理的门槛并不高，掏个两三百块钱就可以成为产品代理，而且产品还可以自用。最重要的是，微商一般会把你拉进一个群，进入这个团队，会有相应的交流、听课、考核、分享，在这一过程中，你完全可以复制前面所学，或者通过分享让别人主动加你，或者主动去加别人，就看你能不能吸引到人，魅力够不够大。这也就是传说中的“微商招代理打劫术”。这样“打劫”来的人，通常都是有微商经验的人，性价比极高。

收费群，尤其是与微商有关的收费群价值也很高。要知道，有人愿意花钱来学习，至少在他交钱之前会认定该群会让他有所收获。他愿意花钱来学习，不仅意味着他很重视这些知识，而且意味着他学了之后必然要去实践。而且这些人懂得付出，懂得没有付出就不要奢谈回报的道理。换言之，他们肯在别人那里交钱，到你那里也不用多废话。他们是最好的代理人选。如果你的产品比较好，段位比较高，进一个学习群，招三五个代理，一般不成问题。

当然，建议大家申请个小号专门去混代理群。进群后，首先修改群昵称，可以借力群主或老师，如叫“群助理××”“群助手×××”等，或者至少取个特别好记的昵称，不至于让人看过就忘。

发红包

不论别人怎么想，至少我认为红包是微信最伟大的发明。一个红包，各种心理、各种情绪，惊喜、懊恼、炫耀、期待，被激发得淋漓尽致。如果你不喜欢别的方式，可以选择发红包这种简单粗暴但却最讨人喜欢的方式去炸群。

发红包的人真的是最可爱的人，几轮红包下去，你会收获好多个好友。每天在所在群发 3 个红包，每份都在 1 元以上，坚持 30 天，你会发现有一股神奇的力量喷涌而出。不管你信不信，反正我是信了。

还有一个技巧，那就是尽量给群主、管理员或者活跃分子，发个专属红包，并且在红包上注明“××专属”，这样很容易获得对方的好感，而把这样的核心人物搞定了，接下来也就比较容易了。有时候，即使你发硬广告，他也会给你面子，但会在私下里告诉你少发点这类。当然，如果你能把群主发展成你的代理，接下来意味着什么，不说你也明白。

如果你不想花钱，那就赞美吧。当然你肯花钱，也不能忽视赞美的力量。一定要学会赞美，赞美是世界上唯一不用花钱的，但却能起到比金钱更大的作用，被认可、被崇拜的感觉是由人性决定的，人人需要。所以，当别人分享时，你就给他竖个大拇指，送上一朵鲜花什么的，或者来一番评论，他一定会记得你，也很难直接拒你于千里之外。

最后要提醒的是，混圈子，切忌吆喝叫卖。叫卖还不如给予，持续地送些试用产品，会有很多人找上你。搞培训的，要多分享些实战技巧；卖护肤品的，要多分享些护肤知识；卖服装的，要学会审美输出，多来点儿穿搭技巧……不露痕迹地把货卖了，这才叫高手。

5. 微信引流十八式

在前面，我们探讨了一些诸如“手动添加好友”之类最为简单的引流方法，但严格来说它并不算引流。真正的引流，真正的高手，必须掌握以下渠道。

使用“附近的人”

“附近的人”其实和手动添加好友差不多，也是我们主动添加别人，但它有一个非常好的优点，就是你申请时对方都活跃在你附近，通过的概率相应很大。距离近，话题就多，便于接下来的交谈，很容易转入介绍我们的工作、产品上。直接邀请他们见面，跟他们分享产品，达成最后的成交，也不是没有可能。回头客也是以这类人群居多。所以，“附近的人”这一功能不容闲置。

这里提供一个独门心得：如果你卖的是一些高端产品，如理财产品，那么你经过一些高档场所时，应该有意识地停下来，加一加“附近的人”。我的一个朋友就是这么做的。他并不是做销售的，而是公司的技术人员，但一连三年他都是销售状元，靠的就是这个心得。

召回老朋友

我们一直在寻找有效的吸粉方法，增加自己的好友数量，但老朋友召回其实是最有效的突破好友数量的方法。老朋友有友情基础，更容易重建友谊，巩固我们的核心客户群体。

去哪里找老朋友呢？本书介绍两种：一是绑定手机通讯录，看看自己手机通讯录里有哪些人在玩微信，然后添加他们为微信好友；二是登录自己的电脑版 QQ，打开自己的联系人表格，根据上面的 QQ 号一一添加。

网文价值引导

有些朋友喜欢写作，你可以将自己的文章发布到各种平台，如 QQ 空间、微信公众号、论坛、博客、文库、贴吧、QQ 群，去吸引对文章感兴趣、愿意结识你的人。除要尽量写好文章之外，别忘了留下你最该留的联系方式，以及“感兴趣的可以添加我的微信：××××××，有更多精彩内容”，同时留下二维码。

很多文章下面都有这样一行字：“欢迎分享本文，转载请保留出处。”你也要这么做。这倒不单纯是为了保护版权，而是因为它在心理学上是一个引导动作。经研究，有这句话与没有这句话，结果会相差 10～100 倍，成交金额自然也会相应地出现差距。

网络直播引流

近年来，互联网经济发展迅速，网络直播应运而生，并且越来越火。网络直播相当于网络电视台，区别在于电视节目虽然精致，但费时耗力又烧钱，而网络直播有个手机就行，只要有特色、有吸引力，人人都能做明星，而且都是直播。这是网络直播火爆的重要原因。而且王思聪说过，直播只会越来越火。我们为什么不去顺应这种趋势呢？能唱你就唱，能跳你就跳，游戏解说也行，实在不行就侃大山……把粉丝吸引来并引到微信上，剩下的事情也就事半功倍了。

圈内互推引流

如果你的朋友圈人数达到了一定的级别，你就可以找一个同样级别的人，互推一下，比如我是卖奶粉的，你是卖护肤品的，交换一下粉丝，互惠互利，别人是没有理由拒绝你的。

大号推荐引流

网络营销圈有很多高手，他们大都拥有几万十几万乃至更多粉丝的微信公众号、微博或者流量很高的 QQ 空间，他们经营自己的平台，也互相帮忙、互相转发。

讲个实例吧，我的一位朋友，做农产品项目，产品不错，但不知道怎么推广，我建议他找一个拥有很多粉丝的大咖打个广告。于是，他认认真真写了一篇产品介绍软文，放到一个每天 10 万流量的微信大号上推广。没多久，产品销量就起来了，知名度也出去了。

我们之所以要找这些人，是因为这样做事半功倍，比自己从头做起要快得多。时间不等人，时间也是最大的成本，有时间我们也要学会整合资源。

门店引流

很多线下门店老板正在加入微商队伍中来，他们希望借助微信二次创业，实现现有销售额的巩固与激增，这完全没有问题。因为门店有固

定的人流量，只是这些顾客都是流动的客人，无法留住。有了微信，我们就可以通过各种各样的活动来吸引客户扫描店铺的微信公共平台或客服二维码。这样一来，流动的客人就被引入了微信中，以后就可以通过做活动等方式把他们毫无成本地追回来。如果你能给顾客一个理由，让他们加你为好友或者进入你的微信群，你还可以把他们锁定从而进行长期营销。这个理由可以很简单，如提供更好的增值服务，送些小礼品，经常发些小红包等。

贴吧发帖引流

相信很多有经验的微商都知道，贴吧是个相当精准而且非常活跃的大鱼塘。在里面进行关键词搜索，就能找到我们的客户群体。同时里面有很多优秀软文，大家可以学习，也可以模仿。

在贴吧发帖，首先要围绕我们的品牌或产品做文章，并在此基础上间接引导，例如，“你不知道的皮肤秘密”“每个女人都存在的危机”等，去吸引潜在客户。以面膜为例，如果你的面膜是保湿类的，你可以写“深夜，感受着要起皮的脸，我想哭”之类的标题，当然，广告痕迹不能太重，更不能直接留微信号，否则被删倒是小事，严重者会被封号。

内容要真实，尽量接地气，怕被删的话，可以分段发布。形成互动后，要及时补一句“感兴趣加我微信”，一篇帖子加十几人不成问题。要尽量每天顶帖，或者设置顶帖软件，只要有人进吧，就能看到我们的帖子，这样，天天有人加我们也不是梦。

公众号引流

公众号里的价值客户就像鱼群，想把产品销售出去，必须拥有自己的鱼塘。塘里鱼越多，销售就越容易。所以，公众号的价值非常大，据专业测算，每1个活跃的粉丝相当于100元人民币。想想看，如果你捕获了10万名精准会员，那你一年赚1000万元也不成问题。关于公众号的具体运营之道，我们会在下一章详述。

名人推荐引流

名人威力巨大，让他们帮你推荐一下，可能比你忙碌一个月的效果还好。我们要想办法让名人帮我们宣传，怎样才能做到这一点呢？你可以专门写一些这些人的事迹，写不出来就转载，总之这类文章里要多写他的好、他的优点、他的神威等。写完便投稿到各大网站，转载的就放自己或朋友的公众号。然后想办法加他为好友，同时把文章分享到他的朋友圈子里。人都是好面子的，也都是懂回报的，你这样写他，宣传他，他只好把你的文章或你的平台推荐到自己的圈子和自己的平台。

QQ空间

很多人对QQ空间不以为然，其实用得好，它也是非常好的引流渠道。方法就是把QQ空间的日志分享到微信上，当然你的内容要足够经典，或者说是精辟。不过，在这里要提醒一点：你要开放你的QQ日志阅读权限，否则非好友无法打开。另外，建议进行空间认证。

QQ群文件引流

QQ群是个大鱼塘，引流高手有很多种玩法，比较轻松的一种是，做一篇价值类的文章或文档，最好做成PDF格式，带上你的微信号，上传到群文件。如果标题设置得足够诱惑，就会有很多人来看。在内容里留下鱼饵，自然会有人加你。不过，要设置得足够巧妙，不然会被管理员删掉甚至直接踢出群。另外，此法引流量要大，至少要有上百个群，这样一次引流数十上百人便不在话下。

百度知道引流

百度被人们称为“度娘”，是说它像娘亲一样亲切，有求必应，无所不知。一般网友们想寻求答案时，都会去百度，而百度知道是在浏览器的最上方。所以，通过百度知道引流，也是引流技能中的必杀技。

具体操作时，首先要准备百度号码，可以去淘宝购买一些空白的百度号，最好是时间长点的，如果是新注册的号，别人可能会觉得你是个托儿，是个水军。然后就可以在百度知道上发问题了，内容可以是关于我们品牌的所有问题，写完后再准备好另一个号去回复，回复时可以说“我朋友正在这个牌子的总公司做顾问，做得很好，你可以加她了解更多，她的微信号是：×××××。也可以加我微信，我帮你推荐一下”，等等。

邮件引流

准备大量精准客户邮箱，把标题设计得有足够吸引力，然后在正文里留下诱饵，吸引力够，就不怕吸引不到人主动加你！

微信群暴力推广

简单来说，就是换群。前提是准备大量的群。如果你有 50 个群，在群里发布换群消息，有需求的人会主动联系你，50 个群马上可以变 100 个，100 个不久又会变成 200 个，这样越换越多，直到你不得不考虑再购置一部手机为止。

原创文章引流

这是很多高手常用的招数，分享干货，只要有价值，肯定会在网上广泛传播，为你带来大量粉丝。尽管这些粉丝不够精准，只会帮你传播，不一定是你的客户。但总的来说，这是最好且最有效的引流方法，前提是你能贡献有价值的内容。

微博引流

与微信相比，微博有其优势——传播速度最快。用网友的话说，出了事情找微博比找警察还管用。新闻一般都是先在微博上蔓延传播开来的。微博有几个亿的用户数量，也是不容放弃的引流平台。关于微博引流，我们同样会在后文专章讨论。

百度收录引流

通过我这几年的经验可知，百度引流带来的客户更加精准，质量和成交率更高。百度引流非常快，也非常持久，前期只要花点时间把产品信息做到首页，让百度收录，以后只要每个月花几小时进行维护就可以了。

只要你的产品信息出现在百度首页，你就是天天旅游度假，也会有源源不断的精准客户主动来向你咨询产品。更主要的是，做百度精准引流不仅轻松简单，还可以一步完成加粉和好友转化。你想，在百度上搜索某个产品的人，他如果不是对这个产品感兴趣或是有需求，难道是闲得无聊？

首先我们要准备大量软文或文章，然后在文章里如文末植入我们的微信号和二维码，接下来把文章发到各大论坛，最好是豆瓣、博客等有特殊权重值的论坛，发完这些再去光顾那些小网站。发完文章，还要想方设法提高访问量，这样问题就来了，我们不可能一天到晚地点击一个网页，有效的办法就是购买并安装提高访问量的软件，让软件自动点击、访问文章，当点击量足够多时，即使不用软件，大量网民也会帮我们点下去。如此，看到的人会越来越多，加我们的人也会越来越多，流量不就引进来了？

6. 异业联盟，走向共赢

什么叫异业联盟呢？

前段时间，我和一位朋友去一家餐厅吃饭，该餐厅非常有情调，环境很好，性价比也高，又赶上那天是周末，所以餐厅里的人非常多。我们抽到号的时候，前面还有七桌人在排队。我和朋友只好在旁边等待，百无聊赖之际，就看到有好几个女生都围在收银台那里，我们俩也跟着去看热闹，原来大家是在排队做指甲。朋友好奇地问："这个指甲怎么做？"我也很好奇：怎么餐厅里还有做指甲的？接着朋友又问："是不是免费？"做指甲的美女马上递给我们一张小卡片，并说只要加她微信，首次体验只需 9 元。我们知道，这个价位是非常诱人的，而且那还是行业内的一个品牌连锁店，怪不得围了一圈儿女生。

在餐厅做指甲，就是一个非常好的异业联盟的案例。美甲这一方，首先给自己做了宣传，并且引流到了自己的微信上，此外目标客户非常明确，因为我们讲过，餐厅是比较中高端的餐厅，咨询她的客户有相应的消费能力。对于餐厅来说，通过异业联盟提供美甲服务，既解决了顾客漫长等待百无聊赖的问题，顾客对餐厅的印象也会非常好，感觉比较潮流，做指甲的美女可能还会给餐厅付一定的报酬。

什么是异业联盟

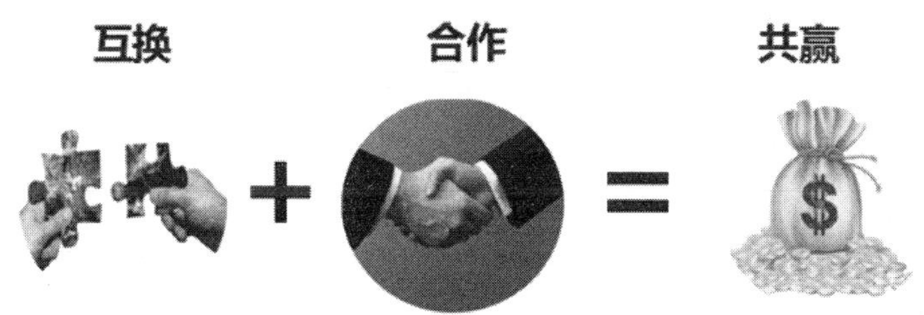

那么，到底什么是异业联盟呢？

其实，上面的图片已经告诉了我们答案。先来看第一张图片，这是个拼图，它告诉我们，想做异业联盟，互换是基础。就拿图片上的两个小拼图来说，想拥有一个完整的拼图，少了谁都不行。我们要进行资源的整合，基础就是互换。假如你是做服装的，你手上有 10 个会员，我是做护肤品的，手上也有 10 个会员，那我们资源互换一下，是不是每个人都有了 20 个会员？

第二张图片，强调合作——有了资源互换的基础条件，还要有良好的合作意识。正如这张图片所展示的，谁也不可能拥有全部资源，不可能绝对主宰所有事物。例如，美国虽是全球唯一的超级大国，但很多时候也需要与别的国家合作，包括美国头号战略对手俄罗斯；俄罗斯方面亦然。大的层面我们点到为止，有了互换基础，有了合作意识，才能达到我们的最终目的，那就是共赢。

第三张图片，展示的就是共赢。为什么要做异业联盟？异业联盟能给我们带来什么？首先，随着商业的发展，各领域、各行业竞争越来越残酷。大量小商家、小企业、小品牌的生存受到巨大威胁，为了打破这种局面，很多商家选择联合起来，为了共同的利益，通过一定的组织和合作，实现联盟。对于我们微商来说，实行异业联盟是为了什么呢？其实很简单，异业联盟是一种有效的扩大客户群并巩固客户群的方式，我们可以通过异业联盟整合联盟商家的客户资源，实现客户资源的互通互享，同时还可以和联盟商家进行合作推广，不但能降低营销成本，而且能凭借彼此的品牌形象与名气提升促销效率。另外，可以通过联盟强化我们的资源，这是打造双方消费者利益最大化的明智之举。

不妨再回过头分析一下前面讲过的餐厅与美甲结盟的案例。站在餐厅的角度，利用美甲服务可以消除顾客漫长等待的过程，从而不会让人厌恶，算是巧妙提升餐厅的服务体系。对于顾客来说，选择这家餐厅吃饭，不但享受到了美甲的优惠服务，还利用等待就餐的时间完成了自我美化。在美甲师这边，有现场成交量，有对品牌的推广，有了潜在的优质客源。这当真是皆大欢喜。

那么，开展联盟应该注意哪些原则呢？

第一，目标市场一致，也就是说我们要联盟的商家的消费群体是一致的。我举一个比较极端的例子，婚庆公司与卖墓地的公司就不便联盟，尽管从哲学的角度讲它们都是人生不可或缺的。

第二，品牌形象一致，也就是说，所联盟的商家品牌定位应该一样，至少应是相符的，品牌形象不能相差太远。

第三，互惠互利原则，所联盟的商家之间所制定的原则必须相互平等，必须对彼此都有利。有一句话说得好：亲兄弟，明算账。反过来说，不平等，亲兄弟也会反目成仇。所以，大家都要本着公平合作的意识去创造共赢。

第四，诚实守信原则，也就是说，大家要遵循契约精神，制定原则，按标准执行，不能反悔。

7. 地推：宅在家里做不好微商

互联网时代，商业推广模式从本质上说无非两种：一种是线上；一种是线下。此外，还有线上与线下相结合的 O2O 模式。微商运营概莫能外。在前面，我们系统地介绍了线上推广引流的方法，如通过微博、微信、贴吧和论坛做引流推广，这里姑且抛开现在各大社交平台出台了各种各样的限制不谈，其实就算没有限制，做推广也不应局限于线上，线下也是很好的、不错的选择。线上与线下相结合，效果会更好，速度会更快。

线下推广，要么参与活动，要么组织活动。参与活动自不必提，这里主要讲组织活动中的必修课——组织地推。

地推，说通俗点，就是地面的推广活动，相当于临时性的促销。它是通过线下方式，通过产品的堆头展示，以及活动方案的噱头，来吸引消费者的聚焦，然后再和顾客进行沟通、交流，进而影响消费者的购买决策。

地推的形式有两种：一种是人员推广；一种是非人员推广。人员推广，即采取直接面对面的沟通方式，主动向消费者进行口头宣传和介绍产品。非人员推广则主要是通过软性的广告宣传，和当地营业商家合作，采取异业联盟的形式，让消费者认识我们的产品，从而引起消费者的购买欲望和行动。以上两种地推形式相辅相成，鉴于我们已着重讲过异业联盟，本节的要点侧重于人员推广。

首先，要了解地推的目的。

首要目的当然是推广与引流，次要目的则是零售与转化。地推活动势必会吸引相应的人群，现场推广自不必谈，重要的是，无论顾客是否在现场交易，都应该进行有针对性的数据采集，然后再通过长期、有效、不间断的服务，为下一步的转化做好准备。这里要明白一点，地推的重点不是销售，而是先把流量引过来，然后慢慢地一步一步地转化成我们的用户或者代理。

目标明确之后，该如何去达成呢？

前提是要有个方案。地推不是旅行，想去哪儿就去哪儿，说走就走。地推开始前，要制订相应的书面计划，要把活动中的每一项具体实施步骤和能想到的所有细节全部写出来，然后再进行反复推敲，如此，才能确保地推顺利、圆满地完成。

说到方案，可能很多刚入门的微商会想：我没做过，不知道方案怎么去写，该怎么办？其实，地推并没有我们想象中那么复杂，只要你愿意去做，想去做，这些事情都很简单。我在这里为大家提供一些基本思路。一般来说，要围绕三点来制定我们的地推方案。这三点是：活动前我们应该怎么做？活动中我们又该如何去做？活动结束后我们又该做些什么？

在回答这些问题前，我们先来思考一个问题：做一场地推活动，要花多长时间来筹备呢？10 天？7 天？3 天？我在这里告诉大家，一场成功的地推活动，一定是经过精心设计和策划的，并不是说拍拍脑袋就去做。我们发现，很多代理也做过或者说正在做地推活动，但效果都不好，东西送了一堆，没有什么结果。根本原因就是因为没有经过缜密思考，以及制订出相应的计划。我的建议是，如果你没有做过地推，并且想达成很好的结果，那么最好提前30天去准备方案，具体细节如下图所示。

方案参考方向

- 1.制定相关推广明确性的主题
- 2.制定活动时间、地点
- 3.制定活动目标，任务分解
- 4.邀约同城代理，丰富活动品类
- 5.制定免费体验、扫码送礼品环节
- 6.制定体验手法、服务项目
- 7.制定特惠方案（如专柜价698，现价398）买赠活动
- 8.制定购买抽奖活动（如第2件低价或免单）
- 9.制定活动所需物料（创造活动噱头）
- 10.制定活动团队人员奖惩机制

活动文案是导致活动成功与否的关键因素，所以需要制订详细的活动计划以及书面计划，包括具体行动实施办法细则、步骤等。对每个步骤要进行详细分析和研究，以确定活动的顺序，圆满达成目标。

图中，首先讲到的是“制定相关推广明确性的主题”，意思是说在做活动之前，我们要设想一个主题，如“来这里，不仅仅是美白”，或者“白雪公主养成计划”，总之你的主题一定要能够吸引到别人，能够抓住别人的眼球。

第2条是“制定活动时间、地点”，我们做活动，一定要选择有人流的地方，有人流才有流量，才有销售，所以要尽量选择人流密集的地方，如商场周边、写字楼、小区等。时间也非常关键，最好是在周六或周日，因为休息日商场周边和小区里人流会比平时多出很多，效果会更好。

第3条是“制定活动目标，任务分解”，简单来说，就是把我们想要达成的结果，设置成一个大目标，然后再把这个大目标进行分解和细分。例如，我们想通过这场活动，引到多少流量，完成多少零售业绩，

这些都是目标的一部分，我们在设置方案时应该考虑要利用多少外界物料和礼品才能促成这样一个目标的达成。再说具体些，你今天想做5000元的零售，这5000元的零售是由几套产品构成的，为了卖出这些产品，又需要多少赠品，这些都是需要经过计算和分解的。

第4条是“邀约同城代理，丰富活动品类”，意思是说在做地推活动时，最好不要一个人做，一来涉及成本和费用，二来单凭一个人的力量想做出很好的业绩不大可能，所以最好邀约同城代理一起去做，这样不仅可以通过成本分担来减少费用，而且可以丰富消费者，方便顾客挑选品类，不至于因为活动品类过于单一，没有吸引力，而流失顾客。

第5条是“制定免费体验、扫码送礼品环节”，意思是说活动开始后，我们要做一些互动。一般来说，消费者聚焦过来后便让他们扫码，扫完码再让他们体验产品，体验完再送礼品，这样做的主要目的是在体验过程中与之沟通。如果只是单纯扫码，然后送出礼品，而没有体验过程，那就没有更深入的交流和沟通，销售的机会也会因此大打折扣。

第6条是“制定体验手法、服务项目”，做地推的时候，一定要做一些消费者体验后能够立即看到效果的服务项目，比如说祛黑头、美白淡斑之类的服务项目。我们不仅要把这类内容制定到方案中，还要在活动开始前选择好人员，进行必要的培训以及话术训练。

第7条与第8条意思相近，这里把它们合并在一起讲：要点是提醒我们，在线下做活动时，最重要的是让顾客感受到自己占了便宜。写方案特别是相关海报的文案时，这点一定要有所体现，在顾客购买后如能尽量提供额外附加值活动，如抽奖、砸金蛋等，整体效果会更好，这些小策略确实能够很好地刺激顾客的消费欲。

第9条是“制定活动所需物料（创造活动噱头）”，就是说做活动时不要简单摆地摊，而要准备好各种道具和物料，特别是宣传用品，如易拉宝、展架、条幅、传单，没有这些东西，你通过什么告诉人家你的意图？通过什么吸引更多人来关注？通过什么让人了解你的产品与活动？

第 10 条是“制定活动团队人员奖惩机制”，这是针对团队管理而言的。团体行动，一定要有奖罚机制，否则人性的弱点会让大家变得一个比一个懒，一天比一天敷衍。建议两两分组，业绩最好的一组获胜之后得到什么奖励并不是特别重要，重要的是要了解他们为什么会获胜，并推而广之。

一般来说，活动前 20 天，应敲定活动场面与时间，制作或准备好推广用的道具与物料，完成相关活动物料的采购。在活动前 7 天，应再次完善活动方案，完成物料的清点与核实，这主要是针对现实当中我们很难做到一步到位而言的，然后就可以发朋友圈进行预热，时间与地点，以及“欢迎前来领取礼品”“欢迎前来体验”等字样是绝对不能漏掉的。

活动当天，我们应该怎么去做？

第一步肯定是场地布展，帐篷、易拉宝、横幅，以及产品堆头、试用产品、音响等，所有道具都要摆放整齐，调试合适，场地要有一定的视觉效果，并尽量营造听觉上的冲击力，以便刺激、诱导消费者关注消费。布置完毕后，应抓紧时间对所有细节进行检查和必要的修正。

第二步，当人员逐渐聚拢过来时，在有音响的情况下，可以安排一个现场喊麦人员通过话筒喊麦，或者用“小蜜蜂”代替也行，然后让现场消费者扫码体验，送礼品吸引人流，有效烘托氛围，在试用过程中一定要选择能够看到直观效果的产品。

最后一步，在客户体验过程中，应适时询问平时用什么样的同类产品，什么品牌，从而判断其消费能力，然后再推荐相关产品。当然，这么直接的销售，顾客可能不会太容易相信你，所以在合作分工中，要树立一位权威的专业老师，来起到最后压单的效用。

活动结束之后，我们要对当天所做的工作进行总结和回顾，检查哪些地方做得不够好以便及时调整，做得好的方面则继续保持。团队促销的话，每个成员都要发表心得与想法，据以总结经验，调整策略。

◆微商分享课堂——我也没想到这么快就做起来了

3 年前，她跟所有家庭主妇一样，一边在家带孩子，一边幻想经济独立。只不过，一般女性都是想想而已，而她已坚定地迈出了第一步，靠透支 600 元信用卡起步，摆地摊、开服装店、做微商，3 年时间成为身价过千万的微商大咖，就像灰姑娘穿上水晶鞋变成了女神。她叫赵逸，“汇星商盟”创始人，微商行业的“微女神”。

透支 600 元信用卡开启创业路

“那时候太难了，一分钱也没有，只好刷信用卡刷了 600 元去进货。”赵逸说，她不甘于平庸，想经济独立，所以没有向家里人要一分钱。就靠着那 600 元进的饰品摆地摊，赵逸的生意就像滚雪球一样，赚一点钱，就继续投入到地摊生意中。

地摊生意的火爆，放大了赵逸的梦想，她借钱开了一家服装店，告别了过去的游击作战。因为对时尚有独特的理解，她店里的款式很受消费者的喜爱，加上她为人处事非常和蔼可亲，很快就积累了一批忠实用户，服装店的生意也稳定了下来，借来的钱也很快就还清了。闲不下来的赵逸，很偶然地接触到了微商，并迅速成为微商大军中的一员。

在不到两年的时间里，赵逸打造出了5万人的团队，工作室就设立在服装店楼上。由于实在忙不过来，在国企端着铁饭碗的老公辞职，帮着赵逸一起来打理生意。赵逸说："微商的节奏实在太快了，我也没想到这么快就做起来了。"现在，赵逸已经不再是那个需要刷信用卡来做生意的家庭主妇，而是被微商小白们羡慕不已的女神。

赵逸说："微商对我的生活有着很大的改变，以前从来没有想过，仅仅通过一个手机我就可以买房子、豪车，以及一切我想要的东西。当这些东西都一一实现的时候，我是很感谢微商的，感谢微商的低门槛，给了我一个实现梦想的机会。"

信仰品牌的力量

从传统的服装店店主，到微商团队创始人，赵逸成功的背后有一套自己的标准。"我只选择大企业、大品牌，这能够给我带来稳定的市场，以及可控的风险。"她说，任何一个新兴市场都需要教育，微商本来就是一个新生事物，如果选择一个线下成熟的品牌，就能够降低更多的教育成本，把更多的精力投入到实际经营中。

最开始，赵逸选择的是韩束，短短两个月时间，团队就发展到了500人。不过，后来因为一些个人因素，她解散了团队，短暂休息了一段时间。不久，她又选择了欧诗漫作为代理品牌。她说："欧诗漫是国内珍珠护肤第一品牌，接近50年的品牌积累，这样的品牌值得信赖，成功概率远超其他品牌。"

赵逸的判断确实很准确，依靠欧诗漫品牌，她迅速打造出了一个5万人团队。她透露，最近接了一个超级品牌，国内日化龙头企业的品牌——立白旗下的净博士。她说，得知立白集团以净博士洗衣片进入微

商行业之后，她毫不犹豫地决定要做，要成为净博士微商联合发起人。不过，这一次她多了一个标准，除了之前的“相信大品牌的力量”，还要“相信运营团队的力量”。

她解释说：“因为立白是中国最大的洗涤类品牌，品牌大、根基深，是家喻户晓的品牌，客户信任感更强。净博士推出的洗衣片又是目前市场比较空白的产品，所以非常看好立白集团旗下的净博士微商市场。”

品牌背后其实隐藏着更大的力量：其一是技术优势，品牌的积累是技术的积累，完全不需要担心产品的品质，更何况立白是洗涤类产品第一品牌；其二是信任优势，不但消费者不需要担心，微商其实也很放心，大品牌都十分规范，绝对不会像那些乱七八糟的品牌那么乱来一气，也只有这样才能够给微商带来一份长久的事业。

赵逸还透露，自启动净博士微商的招商活动以来，市场反应出乎她意料，比想象中的还要火爆，团队的人都兴奋了起来。立白集团旗下的净博士品牌作为一个超级品牌进入微商新品类，给微商市场带来了一股活力，连已经不做微商的老代理都被吸引了过来，新代理几乎是挤爆了，这也让赵逸更加坚定了自己的选择。

用专业打造专业化的微商团队

赵逸的团队超过5万人，主要以宝妈为主，还有一部分上班族和大学生。在她看来，只有专业才能赢得未来。大家都是从小白走过来的，之所以会出现一道分水岭，是因为有些人开始专业了，而有些人还一直是业余的。未来，一定是专业的战胜业余的。

在微商创业初期，赵逸转化了很多精准客户，这些是开服装店积累下来的，大家已经对她十分信任了。建立起团队之后，团队有清晰的思路，迅速着手建立起一套专业体系，有固定的培训群，有固定时间段的培训，有团队专用的素材号，每天都有海量精美的高清素材，甚至还会有线下的高管培训会，由此加深了团队之间彼此的了解和信任。

毕竟有别于传统企业，微商团队可能天各一方，大家都靠微信建立联系，而建立信任是一个关键的过程。赵逸透露，她是一直秉承"责任大于天"的理念来做的，从来不干伤害代理的事，不会让代理压货，不会轻易换品牌，所以团队都很信任她。这也是其团队迅速壮大的原因之一。

"我很乐意看到团队的人成功，我希望能够帮助更多的人成功。"赵逸说，很多团队创始人害怕下面的人壮大，怕那样会影响到创始人的利益。而她认为，只有团队的人成长起来了，能够独当一面了，传递微商的正能量，这个行业才能越来越规范，越来越健康，才能越做越大，大家一起共赢才是真的赢。经历过艰难创业历程的赵逸，已经不止于个人的成功，她的梦想又进一步放大了。她说，未来希望帮助更多人走向成功。这样一件令自己终身骄傲、令两个孩子自豪的事情，远比单纯的赚钱来得更有意义。

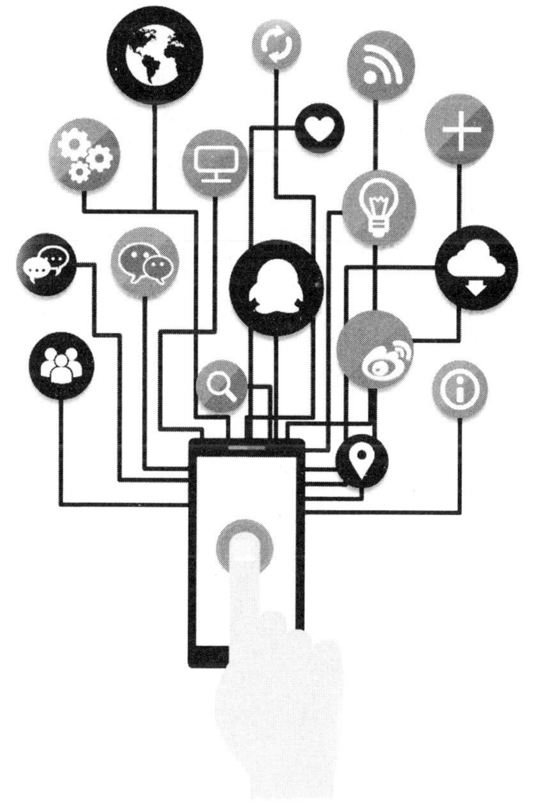

第五章

玩转自媒体，做自己的微品牌

1. 个人微信公众号的巨大价值

从某种程度上来说，品牌就是摇钱树。以前，一个品牌的建立往往需要几年甚至几十年的时间，而在移动互联网时代，仅需一年乃至更短的时间，就可以达到同样的目的，这正是网络的魅力所在。

有鉴于微商这个庞大人群的基本特点——平民化与草根化，因此这里所说的品牌主要是针对个人品牌而言。如何打造个人品牌？没有标准答案。但微商微商，没有微信就谈不上微商，做微商，首先要从微信这个平台做起。而微信之所以会被越来越多人认可与喜欢，主要原因不外乎是它可以为我们提供以微信公众号为主打的一系列服务。

微信的官方解释是这样的：微信是腾讯公司于 2011 年推出的一款通过网络快速发送语音短信、视频、图片和文字，支持多人群聊的手机聊天软件。用户可以通过微信与好友进行形式上更加丰富的类似于短信、彩信等方式的联系。微信软件本身完全免费，使用任何功能都不收取任何费用，微信产生的上网流量费由网络运营商收取。因为是通过网络传送，因此微信不存在距离的限制，即使是在国外的好友，也可以使用微信对讲。

应该说，这种解释早已是过去时了。现在的微信，由于功能越来越强大、越来越多，不可避免地会在某些方面收费，如微信支付。再如我们本节的重点——微信公众号，并非申请所有形式的微信公众号都不收费：个人公众账号不收费，企业公众账号收费。当然，由于企业公众账号是收费的，所以它相应地会提供一些个人公众账号并不具备的功能。

尽管如此，根据我们的经验，微信整体上来说还是几近于免费的。而且，就微信公众号而言，并不是收费的企业公众账号就一定比不收费的个人公众账号好。两者各有优势，相对来说，我认为个人公众账号反倒更适合微商。

早就有人指出，微信也好，QQ 也罢，都不是本质上的原创，都是对国外同类产品的本土化。微信公众号在形式与内容上也不新鲜，但是它体现出了媒体属性与社交属性的平衡：它是媒体，可以发布，但是它的发布资源极其珍贵（个人公众账号每天能发一次，企业公众账号每周能发一次）；它是社交平台，可以互动，但它只能在微信公众号与粉丝之间一对一互动。如果粉丝不主动在后台留言给账号，运营者并不能在后台主动发信息给粉丝，因为这会被定义为一种骚扰。

这一平衡，不仅使得微信既拥有传统媒体的优点（可传播），又避开了传统媒体的缺点（不能互动）；与同属于微平台的微博相比，也在具有其根本优点（大量用户）的同时，避开了某些缺点（关系强于内容）。这种平衡天然适合打造基于精品内容的紧密社交网络，也就是说适用于打造品牌，而品牌具有较高的附加价值。

一个微信大号值多少钱，相信很多人都有所耳闻。我们在这里要说的是，不难看出，腾讯开发微信这一产品的目标，就是为了给用户——个人或者公司——创造更多的商业利益，事实上它也达到了这个目标。这是微信对于自媒体的核心价值，也是广大用户特别是个人用户的新希望：有史以来，个人有可能依靠超低门槛乃至免费的资源打造依附于自身能力的品牌。由于微信具有信息传播功能，迅速地被公共知识分子和文青们接纳，成为传播信息的最佳通道，并成为对应于传统媒体的自媒体的一个重要载体。不仅承载了交友功能，而且接入了公共信息传播功能。此外，微信还具备客户群真实、信息到达率高、广泛亲民等相对与绝对优势。

在此基础上，形形色色的商业机构，很多不甘平庸的创业者，都看到了微信巨大的信息流量背后所隐藏的商业利益空间，当它被当作商业信息发布的平台而且被广泛接受时，其对营销行业带来的颠覆性变化开始显现。微信商城的开发也随之兴起，微商亦随之崛起。

一个优秀的微信公众号，不论是个人公众账号还是企业公众账号，都少不了调查研究分析粉丝，策划与生产内容，提高粉丝活跃度，大规模推广，等等。但所有这一切，都得建立在你有一个微信公众号的基础上。申请个人微信公众号非常简单，完全没有技术含量，这里就不浪费笔墨了，读者可上百度搜索相关内容。

2. 微文章，让标题先飞一会儿

“诗圣”杜甫说过“语不惊人死不休”，才子袁枚亦说过“文似看山不喜平”，这是文学的特性，在眼球经济时代更是如此，谁的标题起得大气，脑洞大开，谁就能吸引用户的眼球。本节我们主要讲讲微信标题的命名方式，毕竟内文再好，如果标题吸引不了人，也是白费。

尽量写得接地气

一个标题，如果只适合老学究的品位，或者只有中科院的院士才能读懂，那么不管它的价值有多大，都不适合在微信上流传。很多相声和小品中都有一个包袱，某某在讲了半天之后被告知说人话这一条也适用于微信标题。这是一方面。另一方面，接地气是说你的标题要具有分享性，要具备大众性，要能够感受大众的感受，说出他们的心声。例如，《中国真的有很多穷人吗?》。

可以写得神秘些

为了给用户以足够的想象空间，标题要尽量写得神秘一点儿。例

如，你想写当年吃某某雪糕的回忆，你可以写成《雪糕真让人回味》，也可以写成《亲吻的味道》。很明显，《雪糕真让人回味》语言过于平实，就像一片土地，平坦、厚实，但没有人愿意站上去。人们要的是高峰，是笼罩着云雾的高峰，越是看不清的东西，人们越想去探索它。《亲吻的味道》正是如此，能让人产生更多的想象空间。

巧妙引用、化用经典语言

没有东风，可以借东风。最近网络上或社会上的流行语，就是最好的东风。例如，《元芳，特朗普胜选这事儿你怎么看》，再如我们这一节的标题，明显是从电影《让子弹飞》中借来的。小说或其他文学作品中的经典也可以化用，如《降龙祛痘十八招》《创业，还是混下去?》。

适当来点文艺气息

没文化的人普遍尊重文化，土豪最喜欢附庸风雅，只有文人才因为竞争而不自觉地相轻。微文章也是文章，考虑到微信受众不是文青，就是文青的崇拜者，至少也是文青的同龄人，因此写文章要尽量有点儿文艺范儿。自己功力不够的话，照样可以从引用开始，如《那些年我们一起加过的班》《谁的青春不懵懂，谁的青春不慌张》。

闭门造车，不如灵机一动

汉语是一门伟大的语言，也是一门神奇的语言，有时候，仅仅改一个字，甚至只是改一下同音字，或者发掘一下其中的联系性，就能产生意想不到的神奇效果。如某品牌内衣的宣传语，可以借用“回头率”这个众所周知的词，稍稍一动，改成“提高回床率的秘密”。

人人都爱读故事

人们都喜欢看故事、听故事，与品牌相关联的故事容易拉近产品和人的距离。举例说明，如果你是做化妆品的，标题就可以写成《昨日灰姑娘，今日白富美——终极秘密》。

八卦一点又何妨

好奇害死猫，平淡害死人。人人心里都住着一个好奇猫，他们保守着自己的秘密，却对别人的秘密很好奇，这对名人来说尤为突出，因为名人之间的八卦更具有话题性。难能可贵的是，这类新闻简直天天有且不重样，如果你掌握了这点，岂不是从此再也不用担心你的标题了？

利用反转的张力

人生就是一场戏，人人都喜欢戏剧性。就像演电影似的，不经常颠覆一下，怎么营造戏剧高潮？标题也这样写，会让人带着强烈的疑问读下去。例如，《万万没想到，××蔬菜吃多了竟致癌！》。

让价值更直观

明确告诉读者，这篇文章能给他带来什么好处！如果再配上一些数字，会显得更加专业，更具冲击力！如《女大学生白手起家一年赚到300万元》，又如《教你如何一个月涨粉10万！》。

最后，再来讲讲微信标题命名的其他注意事项。

控制好标题的字数

如果说简单明了是新闻的最大特色，那么字数就是微信最大的特

色。微信标题好不好看，取决于我们对微信终端的了解，也就是手机屏幕的了解。一般来说，微信标题控制在 14 个字最好，不折行，不裂句，以整行的形式出现，也不太短，形式上更美观。

尽量让人一目了然

推送信息时，最好能将整个事件的时间、地点、结果等要素都包括进去，使人一目了然。如新闻标题《南京孩子埃及神庙刻“到此一游”当事人父母道歉》，地点、人物、起因、结果应有俱有，值得借鉴。

问句形式最贴心

标题采用问句形式，能引发用户的共鸣，如果用户想知道答案，必然会点击阅读。例如，一些美容账号经常这样写：《有氧减肥，你知道多少?》《你真的了解微整形吗?》。

当然，不管采用哪种方式，不管我们多么想吸引眼球，我们的标题都要与内容相符合，千万不要做“标题党”，否则将会适得其反。标题与内容不相符，首先让人产生作者不诚信的感觉。微信微信，无信不立，违背了诚信这个原则，微信营销也就无从谈起了。

3. 内容为王，原创为皇

标题党令人反感，并不在于他们的标题。就事论事，他们的标题还是成功的，不然也不会吸引人上当。但过去也好，现在或者未来也罢，内容永远是王道。传统媒体的没落，并非是内容出了差池，而是读者在便捷性上做出了选择。尽管人们总在抱怨国人不爱阅读，其实阅读人群是在不断增长的，姑且不论人们在阅读什么。事实上，当人们打开一个新闻客户端的时候，他们就一定是在阅读。当然，他们也一定会在阅读之后在心里或者嘴上做出评价，默默为你点赞或者直接送你一句“垃圾”。总之，不必担心没有读者，只需担心能否提供好的内容。

另外，我们不得不正视一个问题，至少就微信公众号而言，红利期已过，用户增长已达到一定的限度。人人都是自媒体，公众号那么多，信息量那么大，如果没有内容而且是过硬的内容，你凭什么在后微信时代杀出重围?

一句话：在新媒体时代，内容的意义不是降低了，而是增加了。但话说回来，不论什么时代，内容无非是两块，即独有内容和整合内容。

独有内容，也可称之为独创内容。新闻，肯定不属于此列。我们尽

量不要做新闻，我们不可能竞争得过凤凰、搜狐、腾讯等门户网站。另外，在互联网时代，同质的东西不可能同时大量存在。你想做一个好的微信公众号，借以宣传自己和自己代理的品牌，最好的选择就是创建自己独特的内容。至于整合内容，特别是千篇一律的大路新闻、二手新闻，由于技术含量低，人们大多可以轻松复制，根本不用教。

我下面就内容与原创讲一些个人心得。

很多人都说“内容为王”，这个“王”怎么理解？其实我们已经反复讲到，人们之所以关注你，很大程度上是因为你能够为他们提供一些知识，分享一些价值，带来一些利益。这是人性。美国成功学大师戴尔·卡耐基说得好：“想钓鱼，先问问鱼儿想吃什么。”吸引粉丝，就如同钓鱼；吸引来粉丝并让他们留在你的鱼塘里，让他们长得更好，才能给你创造价值。否则他们只需轻轻一点“取消关注”，就和你脱离了关系。

在这里，我们要把握以下两点。

知道用户想什么

粉丝之所以关注我们，要么是希望获得经济利益，要么是想获取知识。所有的粉丝都是这么想的，唯一的例外是粉丝两者都想要。例如，一个关注我们的微信公众号的粉丝，他可能既想掌握相关的产品知识，也想通过做我们的产品代理进行创业。我们在做内容规划时，就要对准他们的胃口，想他们所想，提供他们最想看到的东西。要对他们进行必要的分析，如性别、学历、职业、年龄、喜好……摸清他们的来龙去脉后，再投其所好，这样才能做到有的放矢。

让用户有所收获

想吸引粉丝，想留住粉丝，乃至为你做义务宣传，就要站在他们的角度，思考他们的想法，站在他们的角度去执行。单纯地传播是没有意义的，事实上，也不存在不以价值为基础的传播。让用户认可你的理由只有一个，那就是让他们持续有所收获。事实证明，有时候我们提供给用户的内容或许并非原创，仅仅是转载，但因为有价值，用户照样会点赞，会认同。同样的道理，为原创而原创的原创，不具备内在价值的原创，创来何用？

再来说原创。

搞原创，首重深度思考。人类一思考，上帝就发笑。人类不思考呢？上帝就笑不出来了。人类不思考，说明上帝造人失败。有发达的大脑，会思考，有思想，这是人类与动物的根本不同。一个优秀的自媒体人，一般来说应该具备比普通人更深刻的思想意识。当然，凡事都有个过程，从今天开始，为时未晚。

搞原创，最便捷的路是先从结合热点新闻开始。同样的新闻，写出独到的观点，就是原创。这里的独到，可以体现在大的方面，也可以体现在微小细节上。总之，要用心思考。原创当然不一定非要结合热点，要的只是那种基于对事件或人物的深度认知思考。原创时，要对人物有一定的深刻理解。

具体到文字层面的原创，则需把握以下三点。

有趣而不俗

要想做到高质量的传播，一定要符合大众品位，同时又稍稍高于大众，也就是做到有趣而不俗。除非受众以未成年人为主，话题可以尽可能地丰富，但是永远不要拿低俗当趣味。

巧妙使用排列法、对比法

中国的网民最喜欢做的就是排队、站队，微信也一样，排列法与对

比法是最好的方法。只要肯花时间，无论是把中国的原创歌手排列一遍，还是把中国的原创歌手与纯粹意义上的歌手进行对比，肯定都会受欢迎。

回到起点

进行原创的时候，一定要认真看看网友在说什么。把网友的说法扩散给网友，基本上就成功了一半。同样的道理，如果你暂时还没有那么深的功底，或者时间紧迫，来不及原创，你可以利用或者借鉴各大门户网站或者时评人的说法。一篇汇聚百家说法的文章，不是原创，胜过原创。当然，一定要带着审视的目光去看待别人说的话，不然弄不好会搞成造谣的。

有些人或许会说："老师，我内容也注意了，原创也很到位，但为什么还是收效甚微呢?"我的一位朋友就这样问过我。我仔细地看了他的内容，确实是不错的原创性文章，也很有品位，并且很接地气，原因出在哪儿？我们一致认为，靠文章吸引来的用户互动性都比较低，他们大多是静静阅读，随后关闭，然后等待明天再来。所以，不要忘了互动，毕竟微信从问世起就是一个互动沟通工具。更不要忘了，做微商是项系统工程，如果你想做大，哪一堂课都很重要，都必不可少。

4. 微信运营五大注意事项

以微信为主的互联网运营可能是当前最热门的工作。在“互联网+”大潮的影响下，以微信公众号为站点，上到企业、单位，下到小店、个人，纷纷摇身一变，步入了自媒体大军。由此，自媒体不可避免地泛滥。那么多人都在玩自媒体，自媒体也确实给大多数人都带来了回报，但正如同样是做微商有人月入数万有人还不够电话费的道理一样，微信运营肯定有其内在规律与必然原则，只有掌握并坚持相应的规律与原则，才能达成理想效果。

不可否认，由于诉求不同，经营的商品不同，提供的服务不同，运营微信公众号必然存在行业性差异，但它们之间总有一些共性。通过实践，以及与一些业内精英的接触，我总结出了以下五大注意事项。

微信公众号成本并不低

一分耕耘，一分收获，这是最基本的道理。但很多人做微信公众号时都抱着“小投入大回报”的想法，网上有很多诸如“如何零成本获得上万粉丝”之类的文章，甚至有很多“专家”坚称，因为微信拥有低廉的价格它必将取代传统广告，让很多人深受启发，坚信自己找到了发家致富的道路。在这里，我必须正告大家：永动机是造不出来的。某些人所谓的零成本，单单指资金的投入为零，但体力不是成本吗？时间就是生命，难道不是最大的成本吗？

微信并不是小投入、高产出的投资，初期投入确实小，无非是定期更新内容，但产出也小，或者说根本没有产出；后期，无论是推广还是互动，抑或是维护，都需要成本，都需要人力和财力的支持。当然，这时候相应的回报也会逐渐增多，但绝对不存在零成本高收益。尽管相对来说微信公众号有它固有的优势，但绝不像那些不负责任的人说得那么玄乎；而且随着国家对相关平台的监管力度不断加大，相应成本会更大。

这么说不是为了吓跑大家，但讨论微信运营成功之前，必要的了解与准备还是必须要做的。

微信增粉没那么快

微信之所以受到追捧，原因在于微信用户的庞大基数以及微信粉丝的高黏性。基于微信粉丝的病毒式传播，传播速度快、效果显著，这是没错的；但是这不等同于做微信公众号就会见效快，微信公众号要经过精准的市场分析定位、线上布局、吸引粉丝、培养粉丝，才能显现出效果。在这一过程中，势必需要投入大量的精力和金钱，但它们不是重点，重点在于要获取粉丝的信任与认同，需要大量的时间来培养。微信公众号增粉也不难，前面不是提到过吗，100 元就能买 1000 个粉甚至更多，但都是僵尸粉，有何用？当然，如果你肯花大手笔投入，团队作战，则是另一回事了。

粉丝贵精不贵多

有朋友问我："我积累了几千微信粉丝，都是真实的，为啥做个活动，没有什么反应呢？每天的互动量怎么才几十个呢？"其实，微信不同于微博之处，就在于它所追求的不是粉丝量而是精准的粉丝数，一个微博可以洋洋洒洒几百万粉丝，每天笑话、鸡汤、正能量，但微信要的是绝对的精准人群，宁要个同行业的精准粉，也不要一锅乱炖。

举个实例，我的一个学员是做奶粉代理的，前期为吸引粉丝，加上她当时对粉丝量的狂热追求，各种论坛、贴吧、百科、微博、新闻，软文狂写，链接狂铺，粉丝倒是来了不少，但精准粉丝——宝妈，数量不到1/10，效果不好是必然的。

精准的受众，取决于精准的内容，前面讲过，不要拿着胡萝卜去钓鱼，要钓鱼，就要了解并理解鱼的喜好。

不一定要围着粉丝转

粉丝是微信的核心，没有粉丝的微信公众号一定是失败的微信公众号，所以我们在前面讲过太多关于如何为粉丝着想，一定要想粉丝所想之类的内容，但是凡事有度，我们不一定要围着粉丝转。一来粉丝多不代表微信公众号运营得好，因为我们不是要纯粹地运营一个微信公众号，而是要通过微信公众号促进我们的微商事业，所以说粉丝并不是衡量我们的微信公众号运营效果好坏的唯一标准。二来我们无法想象牛顿和爱因斯坦会成为别人的粉丝，他们只可能成为引领者。我们做微商也好，做微信公众号之类的自媒体也好，都不可忽略自己身上的这种属性。我们并不是要把之前所讲的全盘推倒，只是提醒大家，单纯围绕受众打转是不全面的。

完全不发广告或者广告无节制

我有位学员，很早就申请了自己的微信公众号，但一直没做广告。我问他原因，他说是因为觉得自己的粉丝还不够，怕发广告把他们吓跑，所以还要养养。他的话有一定的道理，但显然没有全面看待这件事情。粉丝总会有流失，我们永远不发广告，照样会流失。只需注意相关雷区，广告该发还是要发，而且要尽量早发，早一天见到回报，我们的信心越足，动力越强。当然，经常频繁地向微信公众号撒播广告，极易造成粉丝反弹，导致大批量流失。最后提醒大家一点，粉丝并非绝对排斥广告，粉丝只排斥没技巧的广告。

5. 微博营销的 4I 原则

任何事物都有两面性，如微信公众号，固然有这样或那样的优势，但写长篇大论并不是每个人都擅长的，尤其是那些 5000 字以上的文章；而微博就比较简单，140 字的容量设置，你想多写也不行。另外，我们知道，微博比微信问世早，如果早就申请了微博且有一定的粉丝，没有道理像狗熊掰棒子一样，为了微信而抛弃微博。更何况我们前面讲过，微博与微信是相辅相成的，前者是后者非常好的引流平台。

同样的道理，无论你只是想经营好一个微博，还是想借助微博更好地为自己引流，都必须遵循一些基本原则，如 4I 原则。

所谓 4I，就是 4 个以 I 打头的英文单词，分别是 Interesting（趣味）、Interests（利益）、Interaction（互动）和 Individuality（个性）。

趣味——有意思，不枯燥

从萌芽到今天，互联网蓬勃发展过程中的每一款网络产品的立足点大多不出“娱乐”二字，即以幽默的文字、图片和视频展现内容，主打碎片文化的微博更是如此。一般来说，网民都不喜欢太官方的、枯燥无味的话题。缺乏趣味性的微博，粉丝会以最快的速度逃离。而失去了粉丝的关注和转发，微博将失去其真正的意义，将不再有营销价值。

趣味才是形成病毒传播的根本。我们要用娱乐来应对娱乐。与其自言自语乐此不疲地分享着自己看了都要吐的话题，还不如吊足粉丝的胃口，传播一些自己看了都会笑的内容。

利益——让粉丝获益，自己才有收益

不图利，不早起。无利益，不关注。利益是粉丝的催化剂，利益会驱使着他们紧跟你不放。企业可以通过一些活动或参与投票的方式为粉丝送秋波、送温暖、送实惠，给粉丝实实在在的利益。当然，这里的利益包括物质和精神两方面。总而言之，我们的任务是不断创造能够满足粉丝内心需求的事物。我们在实际操作中要有点“舍得精神”，同时也要学会借力，既可发布自家产品的打折信息，也可发布附近商场的打折信息。

互动——和粉丝积极互动

不互动，微博就不称其为微博，与报纸何异？其实，以往的报纸也互动，只不过它们较少与读者互动，更多的时候是与金主——广告商互动。对事业建立在粉丝基础上的微商来说，怎么可以不互动呢？

与令人反感的传统广告相比，微博更具生命力，它可以让运营者与目标用户通过鼠标和键盘对话，通过对话，我们可以感知到消费者对我们的评价和好感度，并且及时进行反馈。这是传统报纸杂志无法媲美的。及时互动，可以为我们的个人形象和品牌形象加分。最有说服力的例子是美国大选：8 年前，奥巴马竞选美国总统成功最重要的一点是，他在 Twitter 上与成千上万的粉丝互动，提前赢得了国民的信任，这也

是希拉里败阵的原因之一。8 年后，特朗普与希拉里再次为我们演绎了同样的剧情。

个性——做最好的自己

作为自媒体，微博与传统的报纸杂志最大的区别在于微博具有生命力，并且运营者拥有话语权。所以，运营者首先要把自己还原成人，脱离生硬的、高高在上的思维。运营者要有点个性，要懂得有特点才有价值，要将自身特点和文化以及产品结合起来，使用个性化的语言，搭载最有趣的图片，让我们的微博鹤立群雄，让我们的气质值得追随。

6. 疯狂转发的秘密

微信也好，微博也罢，判断运营好坏，粉丝量并不是最重要的。相较而言，阅读量或者说点击量更加重要。因为我们运营这些微平台，写这些微文章，最终的目的都是为了让更多的人看到它们，从而关注我们，最终达成交易。

根据我的经验，一篇微文章的最终传播效果主要取决于两点：后台粉丝量和转发量。前者，可以慢慢经营，假以时日总会多起来。而后者，也不要认为它是可遇而不可求的。下面我们就来讲些实战经验。

如前所述，微商的关键是分享。我们分享的不是产品本身，而是所分享的产品带给好友的感觉和利益。我们要明白，在互联网时代，信息本身也是产品的一种。只要你满足相应的功能，人们就愿意为你付费。马斯洛的需要层次理论告诉我们，人类社会发展到现在的阶段，基本的生存需要已经被极大地满足。所以，我们应该为消费者提供更多的情感需求、社交需求的满足。

如何满足此类需求呢？

提供谈资

在自媒体营销时代，生意从社交开始，社交从聊天开始，聊天的第一步则是寻找谈资。互联网时代的谈话也有时代特点，有时候，你的朋友只需要给你推送一篇文章，就一切尽在不言中了。

另外，讲话也好，沟通也罢，都是人类的基本需求，而不仅仅是一种能力。如在现实生活中，很多人都遇到过这样的场景，因为不熟，不得不从询问对方的家乡、年龄来入手，同时消除聊天的尴尬，辛苦寻找着各类谈资。试想，如果我们没有相应的需求，直接把嘴闭上不就得了，用得着这么费劲吗？

明白了这个道理，我们在写文章时就可以有的放矢地为人们提供一些喜闻乐见的谈资，让人们去聊天。人们喜欢接收哪些谈资呢？有违常理的，或者说比较奇葩的。这是由人类的好奇心所决定的。

例如，我们都知道肯德基这家美国公司，但其主业与真正的盈利点并不是卖炸鸡，而是投资中国的房地产。相应的文章，肯定会让那些不知其妙的读者受益匪浅，并且认为他的朋友或家人也应该看看，共同受益一番。

再如前两年网上出了个新闻，说某清洁工开着宝马扫垃圾，这明显违反常识，违背常人的第一直觉，让人觉得很奇怪：开宝马怎么还会去扫垃圾呢？反正看看也没有害处，转转也没什么不好，下意识地，人们就点击、转发了。

提供想法

好为人师是人类的通病，因为我们所有人都渴望表达自己并影响他人。但自主发声是需要很多条件的，比较思想性，如话语权、语言组织

能力、写作能力等。

讲个小例子，我有个好朋友，他在某公司就职，某天早上迟到了一分钟，却被老板狠狠地批评了十多分钟，一整天心情都不好。我知道后，很想开导他一下，帮他调节情绪，但我又担心表达不好，弄巧成拙。那么，找个人替我安慰他如何？没必要。我只需要在微信中给他发篇文章就行了，这篇文章叫《没有一种工作是不受委屈的》，再合适不过了。如果仍然觉得唐突，我还可以只发自己的朋友圈，心照不宣地去安慰他。你说这个办法好不好？事实上很多人就是这么做的。很多人有收藏文章的习惯，是为了日后重温吗？大多数人不是，是用来日后使用的。

在这里，这类文章其实充当了社交货币的功能。货币，有人不喜欢吗？所以，我们要经常创造这类文章，代替人们表达想法，说出他们心里想说的话，从而可以让人们主动地分享、转发、传播我们的信息。

不同身份的人对信息的需求是不一样的。不信大家就去看看，你和你的老板的朋友圈内容肯定不一样。公司老板们愿意分享的文章是这样的：《致加西亚的信：全力完成任务的，才是好员工》《细节决定成败：员工最让老板感动的8个细节》《情商为王：跟客户打交道时如何压制自己的情绪？》……而普通职员们则喜欢分享这样的文章：《牛逼的公司应该以不打卡为荣，秀加班为耻》《没有人是傻子，致那些加班老晒的二货同事》《员工更加勤奋，就能弥补高管在战略上的失误吗？》……老板与员工，其实都想把话说得更明白些，但要么没时间，要么没有其他条件，这时候恰好有篇文章说出了他想表达的观点，他为什么不转发？他不转发老板或者员工能看到吗？

提供帮助

被需要，是一个人的价值所在。大多数人为什么愿意去帮助别人？

因为人可以从帮助他人的过程中获得快乐和认同。如果我们提供的帮助，也可以帮助到我们朋友圈中好友的好友，就会形成二度关系，依次类推下去，便会形成三度关系、四度关系……科学家研究，我们做世界上的任何事，都超不出六度空间，如一件在你看来非常难的事，但在你的朋友看来就是小事一桩，也许根据你对朋友的了解他同样无能为力，但他的朋友呢？他的朋友的朋友呢？他的朋友的朋友的朋友呢？所谓的病毒式传播，其内在动力就在于此。关键是，你的文章对别人到底有没有帮助。既能帮到自己，又能帮到朋友，没有人会拒绝转发一下的。

比如这样的文章：《找文案策划工作，你需要知道这 8 个技巧》《找一份好的工作从写一份好简历开始》《不运动不吃药保持 S 曲线身材的秘诀》，如果你恰好在为写简历发愁，你会不会阅读？会不会发给同样在为写简历犯愁的朋友参考一下呢？

提供形象塑造

玩微信的人，没几个是低调的。有人在晒他在某旅游景点的照片，表明自己回归自然，追求自由的形象；有人在晒自己与偶像的合影，暗示自己有人脉和相应的社会地位；有人在晒自己宝宝的萌照，表明自己是个无微不至的好妈妈；有人在母亲节转发各种母爱无疆、大爱无私的段子，是因为转发的文章或者信息可以给他们塑造一个孝子的形象；等等。所有人，都有意或无意地把微信当成了提升自我形象的平台。相应地，如果我们能够给大家提供可以帮他们更好地塑造自身形象的信息，他们是不是会乐此不疲地转发呢？

例如，新的一年刚过，你如果写一篇《刚刚过去的 2016 年，你的目标完成了吗?》，肯定会激发一些好友进行转发，因为它能在无形中帮转发者塑造一个具有时间管理观念、十足的行动派、有高度危机意识的形象。那些转发者或许不会有这么清楚的意识，但他们的潜意识会告诉他们。

提供虚荣心

虚荣心是人性的弱点，但不是绝对的弱点，它在一定程度上能催人奋进。在我们这个时代，人们大都有点比较心理、攀比心理，我们甚至可以说，有人的地方就一定会有比较——无论这种比较是显性的还是隐性的。如果我们分享的文章能帮别人有效而且一目了然地进行比较，并在此基础上满足他们的虚荣心，大家就会倾向于转发我们的信息。

7. 二维码的运用及制作

前面我们讲过 O2O 的营销模式，也就是线上与线下相结合，那么它是如何实现的呢？普遍认为，二维码是连接现实与虚拟最得力的工具之一，即利用二维码的读取将线上用户引流给线下的商家。腾讯很看好这个模式，用马化腾的话说就是“二维码是线上线下的一个关键入口”。加之 2016 年 8 月 3 日，央行在 2014 年叫停二维码支付后首次官方承认了二维码的支付地位，未来二维码的应用肯定会更加广泛。

二维码，又称二维条码、条形码等，起源于日本，它是一种特定的几何图形——在平面上分布的黑白相间的图片，是所有信息数据的钥匙。在现代商业活动中，诸如商品交易、网站链接、名片推送、车辆管理、电子凭证、广告推送等，二维码有着极其广泛的应用，与我们的生活息息相关。在世界范围内，我国的二维码应用发展虽然较一些应用强国如日本和韩国落后，但起势猛，后劲足。如 2012 年“五一”期间，由陈道明代言的某品牌沙发，上演了一场“偷窥无罪”的活动。企业利用小小的微信和简单的二维码扫描，轻轻松松地获取了数千名精准客户，实现了百万元的成交额。

再来看下面这张图片。

图中是一头网络红“牛”，出自一家英国牧场，这家牧场的管理者别出心裁，将饲养的每头奶牛身上都喷了相应的二维码，前来参观农场的客户或消费者都非常好奇，会忍不住拿出手机扫一扫，这样他们就与农场特别是他们扫中的那头奶牛建立了连接。这样，他们可以非常直观地了解这头奶牛的真实生活，如它的出生日期，它的体重、身高以及产奶量。甚至连这头奶牛最喜欢的食物和农场平常是如何照料它的相关视频，都可以事无巨细地了解到，从而在掌握奶牛的健康状况和牛场经营状况的同时，确保自己与其他消费者的健康。在牧场方面，尽管需要付出相应的精力去维护相关链接，但通过运用二维码，他们的品牌推广、宣传得到了飞速提升，堪称商业典范。

另一个脑洞大开的案例同样来自英国：英国一家葬礼公司推出了一个新创意，在逝者的墓碑上增加一个二维码，逢年过节，参加祭奠的亲友去扫墓时，扫一下二维码，就立即会导航到逝者的个人主页，包括逝者一生的故事，爱过谁，恨过谁，以及音容笑貌，朋友们的怀念，等等。亲人还可以及时进行更新，如逝者的某个后代结婚了，家族又添了小朋友，等等。

世界上的事儿，往往是没有最奇葩，只有更奇葩。加拿大的一对农

民夫妇是世界上最大的二维码制作人，他们的二维码是在一块面积达10英亩的玉米地上种出来的，二维码的面积达到了2.8万平方米，被正式收录进了吉尼斯世界纪录。他们之所以要这么做：一是因为他们在翻看杂志时看到了不少二维码，受到触动，突发奇想，然后在一位设计师的帮助下将自家农场的玉米地改造成了二维码；二是他们在二维码中植入了自家农场的网站，有人乘飞机路过时拿手机对这块地扫一扫，马上就能跳转到网站。

那么，对于我们做微商的朋友们来说，二维码应该如何具体运用呢？

每个微商人都想让更多的人认识自己，在以往，发名片是个不错的方式，尽管一盒名片要不了多少钱，但终究不会白送，终究是有成本的，更何况以我们微商来说，肯定用得不在少数。而且传统名片信息量太少，无非是姓名、单位、职业、电话、地址、邮箱，对方拿到你的名片不会产生太深刻的印象，更不会对你有更直观的了解，存留率也比较低，很多人的名片都被随手一扔丢掉了，如此一来，推广、宣传和进一步的接触就无从谈起了。

电子二维码名片就很好地规避了这些问题。它没有成本，直接生成，可以设置多维信息，用户扫一扫二维码，就可读取所有你愿意让人了解的文字和图片。二维码也可以通过微信发送给对方，同时还可以把电子二维码的产品宣传册装进二维码，直接与营销挂钩。

此外，还要尽可能地把我们的二维码制作得有创意、有特点，让人看了怦然心动，勾起人们扫码的欲望，人们才会主动去扫码、去分享、去保存。也就是说，不管你的内容多么丰富多彩，如果你的二维码外观一般，无法勾起别人扫码的欲望，也等于零。如此，拥有并学会制作私人定制的二维码名片就显得很有必要。

制作二维码并不难，只要在百度页面搜索“草料”两个字，点击进入“草料二维码生成器”，注册完自己的草料账号，按照相关提示逐步操作即可。这里要提醒大家的是，你在相关页面添写的个人资料越完善，对你后期的帮助就越大。你添加的个人头像越漂亮自然，越能引起别人的注意。另外，记得把自己的微信、QQ 号留下，从而方便用户添加你、联系你。

个人二维码制作完毕后，还可以进行美化，相关功能都是软件自带的，大家可以根据自己的喜好、审美观自行设置，还可以在细节上进行微调，这里就不过多展开了。

做微商的朋友，没有不知道微店这个平台的。微店是一个购物平台，相当于自己的小店铺，只要下载一个 APP，注册一个账号，就可以拥有一个移动并且是免费的店铺。微店里面的功能比较多，大家可以逐一研究，这里要提醒大家的是，尽可能地把我们需要展示的信息上传到微店，接下来我们就可以复制链接，添加到我们的活码网址里，生成二维码。当客人扫码后，不但可以看到我们的官方信息，同时可以打开微店查看我们所有的产品，而且微店有支付功能，可以直接付款，这样快速销售不就完成了吗？

◆微商分享课堂——年轻人就该活出年轻人的样子

我叫立云，是个 24 岁的姑娘，现为欧诗漫大区总代，花妍丽董事，一年前创立了自己的商贸公司。加入欧诗漫微商之后，我用了短短一年的时间，从市代做到大区总代，目前团队成员接近 5000 人。

曾经的地摊生活

2012 年，为了生计，我不得不抛头露面，在我们老家热闹的街口摆摊，曾经为了给一件大衣打版，我在零下几摄氏度的天气里冻到吐、发高烧。曾经为了要回那些被城管收走的衣服，我差点向城管下跪。曾经的我被太多人嘲笑 、质疑、无视，太多的磨难造就了我的无坚不摧。

曾经的微商生活

接触欧诗漫之前，我做过很多爆款，基本上每款爆款都会去卖、刷屏，后来遇到某所谓大牌，当时是满心的激情，想把这件事情做好、做强、做大，但却被没有控价的体系所伤。对，是乱价，当时的我被乱价打击得体无完肤，我一度认为自己的微商之路会就此结束，直到我遇到了欧诗漫。

遇见欧诗漫

2014 年底，一个很偶然的机会，我听了欧诗漫的招商课，它是美白护肤第一品牌，前景很好，最重要的是，听到那句“代理不是垫脚石，而是合作伙伴”后，我毅然决定拿出全部的积蓄，做了当时的市级代理。

最初的转型，没有代理跟随，自己一个人拼命地拍图片，做产品教程，写试用，终于迎来了第一位代理。那个时候团队刚成立，可我不会给代理做培训，于是就把老师讲的内容一个字不错地记录在本子上，最多的时候一次写了 20 多页。没有带过团队，给代理开讲的时候，怕自己紧张，就提前对着书本一遍遍地念，找语感，时光飞逝，如今我已经成了团队的培训讲师。在此过程中，我从市代做到了欧诗漫大区总代，换了新座驾，买了两套房，团队人数直逼 5000 人。

公司化运营更是让我如虎添翼

说起公司化运营，我深表感激。因为在公司化运营之前我什么都不是，一个人孤军奋战，一个人单打独斗。小到打包发货，大到管理团队，计算出库，从来都是我自己，确实身心俱疲，力不从心。所以，5 月先手科技启动了大区总代公司化运营这个项目后，直接触到了我的内心深处：我需要先手科技的协助，需要迅速进入到公司化管理当中，因此毫不犹豫地加入其中。到如今，公司已成立一个半月，运行情况非常良好。最显而易见的体现就是，我的系统业绩有了飞速成长。月度百万出库不说，我个人还能做到完美抽身，有更多的时间去管理，也有更多的时间和想法服务团队。

面对误解和困难坚持下去

直到现在，还有人说我是“富二代”，确实，无论是投资 100 万元的欧诗漫大区，还是房子，再到新座驾奥迪 A6，似乎都不是一个 1992 年出生的姑娘原本该拥有的。其实，我知道开挂的人生背后有着怎样的心酸与眼泪，太多的磨难已成往事，我也曾经无所事事过、颓废过、穷过、被人看不起过、遭人冷眼过。但是，如果那时的我只是一直颓废，那我现在还只是那个被世人嘲笑的我。我不想当父母需要我时，除了泪水一无所有；当孩子需要我时，除了惭愧一无所有；更不愿自己回首过去时，除了蹉跎一无所有。所以我必须拼命，必须努力成为一个令父母欣慰、令孩子骄傲的人！

这个世界就是这样，没背景、没家境、没关系、没金钱的年轻人，一无所有的年轻人，想改变现状，必须勇于改变，拼命奔跑。年轻人就该活出年轻人的样子。困难又怎样？阻碍又怎样？伤心又怎样？统统无所谓，敢想敢做才是年轻人该有的样子！

第六章

销售为王，成交才是硬道理

1. 微商小白第一课："杀熟"

首先我们要来纠正一下"杀熟"这个概念。一个"杀"字，直接暴露出了这个词在人们头脑中绝对是贬义。不可否认，在极端自私自利、个人主义的驱使下，有不少人，包括很多微商都绞尽脑汁、不择手段地对熟人下手，损人利己——损熟人而利己。我们这里讲的"杀熟"肯定不是这样，有智慧的人从来不需要把自己的获得建立在他人的失去上。常言道"人熟为宝"，讲的是人与人之间相对比较了解，知根知底，长此以往便会产生信任，无论是相互帮忙也好，合作也罢，在关键时刻，有个熟人，不至于让人抓瞎。况且中国自古以来就是熟人社会，只要我们不是真的"杀"熟，有什么不可以？

我们强调的杀熟，是褒义的杀熟，不是对熟人下手，而是好好利用自己的人脉资源。这样想的话，能杀熟的人，本身就是优势，因为熟人多、朋友多嘛！如能通过杀熟，让朋友们少花钱多办事，乃至把他们发展成代理，大家一起组团创世界，大家感谢你还来不及呢！

而且，我们也不是除了杀熟就什么都不做，除杀熟之外什么都不会。杀熟，只是为了让刚刚加入微商行业的小白尽早地进入状态。杀熟，也是微商的第一课。

做微商，什么最关键？有人说产品最关键，也有人说人脉最关键，这些都是本末倒置，就好比我们之前讲过很多策略、很多工具，但它们都是为两个字服务的，那就是成交。卖不出货，赚不到钱，自夸我们的策略好、工具棒，可信吗？有说服力吗？

成交从销售开始。丰富的行业经验加丰富的客户资源，才能拥有丰富的销售成果，同时才能创造好的销售。然而，丰富的行业经验与丰富的客户资源，都需要时间积累。对于那些刚进入微商行业的朋友来说，他们或许从事过销售，但绝对不会太强大。有一位学员曾经跟我讲过，他说他要是在传统行业有很多资源，做得顶呱呱，根本用不着做微商。平心而论，他说的是有那么一点歪理的。可以说，很多微商还不如他，他至少从事过销售，而我们很多微商根本就不懂如何销售，没有所谓的行业经验，有的人甚至还没有参加过正式的工作，更不用说丰富的行业经验与丰富的客户资源了。

一没经验，二没客户，基本上就相当于没有业绩了；没有业绩倒是小事，万事开头难嘛，重要的是，长期不开单，会影响人的信心。我们提倡从熟人做起，原因就在于此。因为是熟人，就算我们策略不是那么精准，话术不是那么动人，也不至于太尴尬，更不会遭遇刁难，等等。

我们来看下面这张图片，它讲的是四级客源理论，其核心是引导销售人员去发展客户，也就是客源。

第一个板块是核心需求客户，这里的核心需求客户其实就是指最容易转化的那个客户群体，也就是出现任何事情都是第一批站出来帮助我们的那些人，毫无疑问，他们就是我们的亲朋好友，这也正是为什么要杀熟的深层次原因。有句话叫“兔子不吃窝边草”，但在这里，我们必须要说，聪明的兔子都要学会吃窝边草。

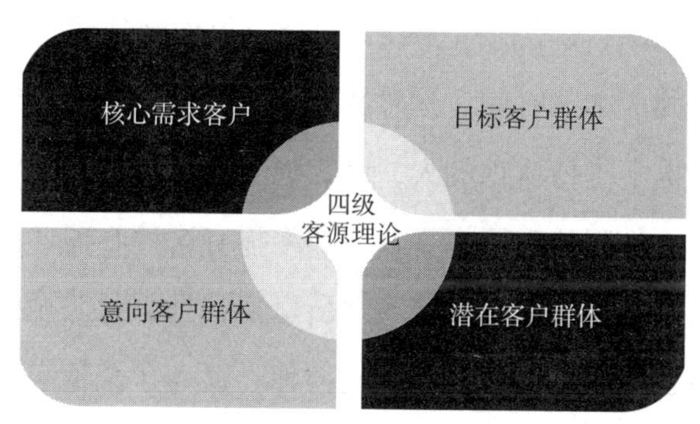

第二个板块是目标客户群体，它讲的是经过第一轮的杀熟之后，很多人遇到了瓶颈期。熟人该买的都买了，该用的都用起来了，下一步该怎么办呢？自己根本没有那么多客源。其实，下一步就是对准我们的目标客户群体，他们基本上都是我们的同城客户。在第一波杀熟过程中，我们能成功，是因为大家都是亲朋，都有一定的信任感。进入第二阶段，我们就要通过聚会等社交方式，去通过我们的亲友认识更多的朋友，再通过一些话题指引社交活动，去增加彼此的信任感，从而达到成交。

第三个板块是意向客户群体，也就是对我们的产品或者是对微商这个行业有意向、有兴趣的客户群体。在这个阶段，其实是一个全面撒网的阶段，这时候要运用我们前面所讲，利用各种互联网平台，如QQ、贴吧、豆瓣之类的网站进行引流，然后再导入我们的微信，进行长期的鱼塘养鱼式的培养，最终转化成我们的用户或代理。

第四个板块是潜在客户群体，是指对我们的产品或者对微商这个行业有潜在需求的客户。客户需求分具体需求和潜在需求。具体需求，是指客户明确知道自己想要什么、需要什么，对此，只需对症下药就可以了。潜在需求，是指客户可能并未明显地表现出来，看上去似乎很难挖掘，但只要多交流、多沟通，是有机会开拓和创造需求的。

看完四级客源理论，回到我们这节的主题——杀熟。马云曾经说过："熟人买卖，你卖给他多少钱，都会觉得你赚他钱，卖给他多便宜也不领情；你的成本、时间、运输人家都不看在眼里，宁愿被别人骗，让别人赚钱，也不支持认识的人，因为他心里总是在想，你到底赚了他多少钱，而不是你帮他省了多少钱。如果你有这种心理，那么这就是穷人的思维。人要有富人思维。富人之所以富，是愿意照顾熟人生意，相互关照，福报自然会多，朋友也会支持你，财运才会越来越旺，这叫捧场，这就是富人的思维。"这段话表面看上去是一盆冷水，实际上是在提醒我们，熟人的生意是可以做的。其实不少微商也坦言，自己之所以选择做微商，在微信平台上做生意，看重的就是微信朋友圈里大都是熟人，利用这个关系去进行营销推广，效果肯定会事半功倍。

做熟人生意的时候，我们要注意什么？首先我们要明白，有些人不敢去做熟人生意，原因只有一个——他卖的是假货。如果你能确保自己卖的是真货、好货，就不怕没有生意了。先从你的熟人开始，如你的亲戚、朋友、同学、同事、邻居等。

有些人会说，我的熟人资源有限，并且都不能成为我的客户，比如说，我是男的，生活中的熟人就是一些哥们儿，他们都不用化妆品，怎么办？这里姑且抛开他的产品选择的问题不谈，其实身边熟人资源有限也没关系，可以借力打力。比如我有一个朋友，他是一个网红，他本人虽然没有成为我的客户，但有一次我请他吃饭聊天时，他知道我做微商之后，当即主动表示愿意将我的联系方式以及二维码通过直播透露给他的粉丝，结果很多有意向的人就通过他的直播找到了我。

不过，对于大多数人来说，"没有熟人"之类都是借口。如果你不想像他们一样找借口，那我们就直接进入核心问题：如何具体开展业务？

来看一个真实的案例：

我麾下一个做微商一个月的小白，她拿到货之后，首先自用了一套，用完之后就给她身边的几个好闺密一起分享，分享完之后，用她的话说，产品很给力，闺密更给力，一人拿了一套。之后，她趁热打铁，分享给了自己的亲戚、邻居、同学等，她的一位闺密的亲戚也在她那里拿产品，也就是说做了她的代理，一系列连锁反应做下来，做微商的第一个月，她的零售额就达到了3万多元。

这个成绩相当不错，她为什么能做到？关键点是什么？

其实有两点：其一，我想她就是那只聪明的兔子，也就是吃窝边草的兔子，杀熟的兔子，由于首批客户锁定在了她的朋友与亲戚，不需要花太多时间去建立信任，只需要去加持这份信任，也就是像她所做的那样，先自用，自己用了确实好再分享给朋友。她苦苦哀求别人了吗？并没有。销售是一个分享的过程，苦苦哀求也没用。我们一定要记住这句话：做微商，做的不是推销，而是分享。

其二，分享什么呢？很简单，就是分享你真正自己使用完产品之后的一些感受以及效果，是什么你就说什么，再配上相应的如假包换的图片，这很难吗？

2. 想做赢家，先做专家

让我们重拾前面的话题：为什么提起杀熟，人们会深恶痛绝？

不信我们可以到网上搜一下，只要输入“杀熟”与“微商”这一组关键词，那么相关信息没有一千条，也有八百条。看到这些绝对算不上正面的消息，有些微商可能会很生气，但是没必要，平心而论，人家说的确实是那么一回事。比如有篇文章叫《微商做了这么久，你还在杀熟吗?》，言外之意就是，你若是个微商小白，杀杀熟，练练手，也就罢了，但不能没完没了，更不能除了杀熟什么也不会。

前面说过，丰富的行业经验加丰富的客户资源，才能拥有丰富的销售成果，同时才能创造好的销售业绩。要求微商小白具备这些资源不太现实，但是你必须树立一种意识，就是如果说你想成为行业的赢家，首先要成为这个行业的专家。没有人生来就是专家，我们也不必把专家定义得那么高大上，并不是只有研究飞机、导弹、航天器的人才叫专家，其实只要是在专业领域内拥有一定专业能力的人，都可以叫专家。正如同人脉需要慢慢积累一样，时间长了，只要你不拒绝学习，只要你是个有心人，你的专业知识与行业经验就会慢慢提升，最终体现在你的销售逐渐提高上面。

我们来看一个很有启发意义的案例：

我的一位代理——姑且称之为小明吧，他做我的代理时已经不是小白了，以前做过面膜。做面膜时，他刚刚拿完货，马上就从身边的朋友开始入手了。他首先找到的是自己原来的同事兼好朋友——称之为小红，然后向小红推销自己的面膜，说这款面膜虽不是知名品牌，但效果却堪比国际大牌，价格也相对更实惠。小明还说，有试用装，你就先试试吧，用着好再买，言下之意是不好的东西我绝不会代理。小红呢，碍于情面，不懂得拒绝，就接受了，第一单就算成交了。

后来小明又去找小红，问效果怎么样啊，这样那样问题问了一堆，小红还是碍于情面，勉勉强强把产品夸了一遍，但实际上她根本就没用。这可不得了，听小红说不错，小明马上继续向她推荐，让她继续购买，而小红又不好意思拒绝，又买了一盒，自己依然不用。

一段时间以后，小明又向小红推销，小红实在受不了了，直接说她不要了，上次买的还在家里放着呢……

小明说："你应该坚持用的，你怎么不用呢？这堪比国际大牌，而且我卖给你我一毛钱都没赚，你怎么不理解，干嘛不用？"

小红解释说："其实我这个人不爱化妆，也不爱保养，我天生丽质，用不着，上次买是因为想帮你，事实上我不需要，所以一直没用。"

小明从此心里拧了疙瘩，反复想，我原价给你，你还不捧场，你说你不用面膜，鬼才信！你反正都要用，为什么不用我的呢？我又不赚你的钱，买到就是你赚到了，居然不用……小红呢，以后也躲着小明，生怕他再推销。

想必很多朋友都有过类似的经历，在刚开始做微商时，确实都是从发展身边好友开始的。但这样一来就产生了问题，朋友碍于情面买了你的产品，却伤了彼此的感情，也就是所谓的杀熟！由于没把握好分寸，你和朋友都被微商给伤了。

那么，如果你已经不再是一个微商小白，那就及早放弃杀熟吧。如果你除杀熟之外还不知道怎么做微商的话，那就赶紧抓紧时间学习吧。

马云曾说："最先买你东西的是陌生人，最先屏蔽你的是闺密，最先删除你的是酒肉朋友。"当某天你发达了，每当聚会你请大家吃饭玩的时候你会发现，除了陌生人不在，其他人都在。原因何在？原因在于陌生人和你没有感情，在你身上看到了价值，于是用钱和你做交易，交易结束，你们之前的关系也就结束了，无论你以后是富贵还是贫穷，都和陌生人无关。而朋友，他们对你有的是感情，不是交易。所以千万不要把上面的马氏格言放在朋友圈里刺激你的朋友，否则你就真的没朋友了。

除熟人外，还能去哪里开发客源呢？

其实我们在前面已经讲过四级客源理论，问题是，找到客源并不难，难的是让他们真的成为客户。把客源变成客户，需要我们怎么做？前面我们也讲过了，要做专家。

真正意义上的专家，是不需要自己去找客源的，各大电视台的邀约他们想拒绝都难。当然，指望大家都成为这样的专家不现实，但干一行就应该爱一行，而爱一行的基础是对这一行有个基本的了解。像上面我们举的那个例子，其实我们的主人公小明是有很多硬伤的，最大的硬伤可能就是他不该选择做面膜代理，他亲自对我讲过，他自己根本就不用面膜，做代理无非是想赚点钱。你自己都没用过，你怎么能说它好呢？这已经不是专业不专业的事情了，而是对自己和自己的朋友不负责任了。再者说，万一小红想让他介绍一下这款面膜具体怎么好，或者想让他分享一下体验心得，岂不是更加尴尬？什么叫分享？它必须是建立在我们亲身体验基础上的，像小明这样，不叫分享，他是把朋友直接当成了提款机。

我们在现实生活中经常会看到一些不太成熟的销售员，要么是生性腼腆影响了发挥，要么是产品知识没有纯熟掌握，在介绍产品或使用相关话术时语言生硬，犹如背书，这是大忌。作为一个销售人员，你一定要像个翻译人员，先把相关的书面知识变换成自己的语言，然后以一种顾客能够听明白的方式讲出来，简单明了，通俗易懂，就可以了。

除了做产品知识的专家，我们还要做销售专家。

销售的本质是什么？不是卖东西，而是满足需求。销售的过程，实际上是一个分析需求、判断需求、解决需求、满足需求的过程。还说小明吧，他之所以选择把面膜推销给小红，无非是基于小红是女孩子需要做面膜这个并不存在必然因果关系的“伪逻辑”，换句话说，他的第一步——分析需求——就走错了，结果可想而知。无疑，销售是个辛苦活儿，但他显然是把销售当成了力气活儿，以为凭着一身蛮力，就可以撬动客户，这实在是一厢情愿。

归根结底，还是那句话：想做赢家，先做专家。这一节只是引子，我们会在后文分享更多的销售知识。

3. FAB 销售法则与运用技巧

销售，说白了无非就是一个你买我卖的过程，但在销售当中我们不难发现，销售没那么简单，不然我们就没法解释，为什么在同等条件下，有些人能够开单，有些人不仅开不了单，还特别让人讨厌。

笼统地说，有些人销售做得好，是因为他们了解销售。我个人有一个简单的总结，即销售源自沟通。不沟通，无销售；不会沟通，也达不成销售。

我们来看一个销售案例，请看下页两张图片。

左图这种情况，很多代理都应该遇到过，也都是这么处理的，而顾客问了下价格，然后再无下文。如果我们说这样回答没有问题，肯定有我们的理由，但只要跟右图比较一下，我们就知道什么才叫高手。右图的顾客，问的是同样的问题，即这款产品多少钱。这位代理回答得非常巧妙，她不直说价钱，而是告诉顾客这个产品我也超级喜欢，并且紧接着发问，你是自用，还是送人。对方回答是自用，但不知合适不合适，还问代理自己用了之后感觉如何。很明显，右图中的代理与左图中的代理相比，回答是成功的。这种成功源于她对客户心理的了解。顾客一开

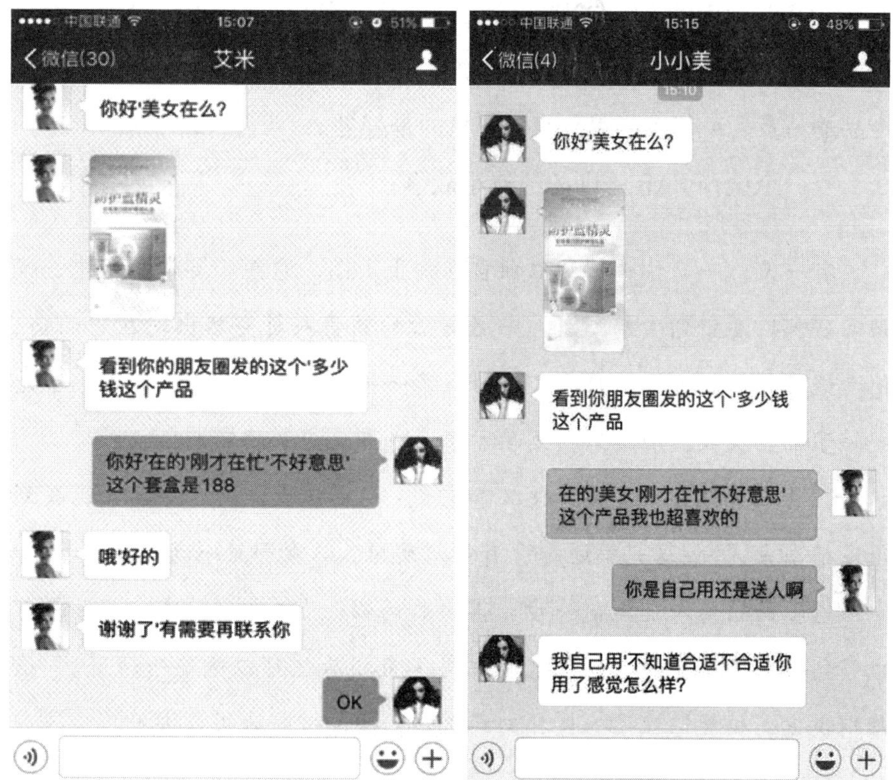

始就问价格，说明她们比较在意商品价格，如果我们的报价超出了顾客的预期，他们多半就不会购买。所以，作为一个聪明的代理，在告诉顾客售价之前，要先告诉对方产品有多好，而且是越具体越好，这样一来顾客就会顺着我们的思路想：这么好，贵点儿就贵点儿吧，有效果就好了。这样，销售就达成了。

两张图还告诉我们，很多顾客的真实想法，不是他们口中所说的，也不是他们打出来的字，我们一定要学会深度解读、剖析顾客的消费心理。同时我们可以看出，不同的销售对话，可以改变销售结果。换言之，我们应该在这方面下下功夫。下面我们就来具体讲讲“FAB 销售法则”这一被广大销售人员广泛运用的说服技巧，提高我们的销售技能。

FAB 法则中的 FAB，对应的是三个英文单词：Feature，Advantage，Benefit，翻译过来分别是属性、作用、益处。再说明白点，F 代表的是产品的特点，A 代表的是优点，B 指的是好处。

有一个诠释 FAB 法则的经典小故事：

有一天，一只特别饿的猫独自在街上游荡。它想：要是能大吃一顿该多好啊！没想到心想事成，一名好心的销售人员突然出现在它面前，他看这只猫特别可怜，自己又恰好做了一张大单，拿了不少提成，于是就给了猫一摞钱，但这只猫无动于衷，一点反应也没有。

销售人员见猫没反应，便又和它说："猫先生，用这一摞钱能买到很多很多鱼。"但这只猫还是没有任何反应，趴在那里一动不动。

好心的销售人员上前一步，再次告诉猫："猫先生，这一摞钱是可以买到很多很多鱼的，你用这些钱买了鱼之后就可以饱餐一顿了。"这话刚说完，猫就像疯了一样扑向那摞钱，高高兴兴地买鱼去了。

大家能从中体会到了什么呢?

回过头来看一下，不难发现，对那只饿了的猫来说，销售人员那一摞钱代表的是一个属性，也就是前面讲到的 F，它所代表的是我们的产品的特点。销售人员对猫说，这一摞钱可以买很多鱼，是在告诉猫钱的作用，也就是我们前面所讲到的 A——优点。最后，销售人员告诉猫先生这一摞钱可以买很多鱼，买到鱼后它就可以饱餐一顿了，这是对猫的益处。

这才是一个完整的 FAB，我们在销售时，也要遵循 FAB 法则去介绍我们的产品，首先告诉对方这款产品具备什么特点（F），其次告诉他们这个特点有什么样的作用（A），除此之外，还要告知顾客如果他使用这款产品能带来什么样的好处和效果（B）。如果我们只是单独讲一个点，顾客就会像故事中的猫一样，不是没有反应，就是反应平平。

接下来，我们再来谈谈如何有效地运用FAB销售法则。

回到之前的那个故事：

当我们的猫先生买了鱼并且吃饱了之后，这只猫突然想见自己的女朋友了，恰好我们那位好心的销售人员又走过来说："猫先生，我这里有一摞钱，送给你。"而猫没有任何反应。销售人员又说："猫先生，这钱能买很多鱼，买完鱼你就可以大吃一顿了。"结果猫依然一点面子也不给，还是没有任何反应……

不妨试想一下，在刚刚的销售情景里，销售人员怎样说，才能打动那只吃饱之后想到了女朋友的猫呢？

首先我们要了解一点，这只猫它已经吃饱了，这时候再去跟它说给你钱你去买鱼大吃一顿，它没有反应就对了。为什么？因为它的需求发生了变化。针对它的需求，我们可以换一种说法了。比如说："猫先生，我这儿有一摞钱，送给你，你可以买一套品牌化妆品，快过年了，你送给女朋友，让她变得美美的，她一定会非常开心，一定会更爱你。"

也就是说，我们在运用FAB销售法则时，要注意它的前提条件，那就是了解客户的需求。前面其实我们也说过了：不了解客户的需求，任凭你怎么说，客户都是没有反应的，有的只是敷衍。我们经常会看到一些销售人员，在卖产品时不停地强调产品怎么怎么好，效果怎么怎么样，站在他自己的角度说，如果产品确实不错，这么讲本无可厚非，问题是站在顾客的角度，这是一种骚扰，他根本不需要这样的产品。

怎样判断一个人是否需要一款产品呢？

一般来说，顾客的需求来自两个方面：

第一，顾客会主动告诉我们。

第二，在与顾客交流、沟通过程中，从顾客身上获取信息，通过分析信息，给予引导，给他创造需求。需求就像冰山，浮在水上的只是很小一部分，大部分潜在需求都隐藏在水下。需求需要挖掘，深深地挖掘。顾客买多少产品，取决于你的挖掘深度。

深入挖掘，离不开观察能力。以化妆品销售为例，你首先要判断顾客的肌肤类型，怎么判断呢？可以观察她的面部自拍照片。之后要分析这种肌肤适合自己代理的哪些产品，做到心里有数。但在告诉她应该用什么产品前，要先询问她，平时是怎么护理的，都用哪些产品，等等。顾客回复时要用心聆听，借以了解她的护理程序，并借机了解她的消费能力，最后再综合顾客反馈的信息，运用自己的专业技能，加以引导，给出合理的建议。

事实一再证明，顾客最讨厌那些喋喋不休、完全不在意顾客想法的人，顾客最想听到的是关于他的利益点和好处。当然，凡事要以事实为依据，我们不能过于夸大产品的功效，不然后续工作会非常难做。另外，介绍产品要尽量简洁易懂，有些专业话术并不绝对有效，甚至会起到反作用，毕竟客户的水平是参差不齐的。最后一点：使用 FAB 销售法则时，不要自己一个人在那里自嗨，只顾说得痛快，顾客却完全没有反应。做销售，首先要与顾客产生共鸣，然后才能通过引导完成销售。

4. 让沟通变得顺畅，让销售不再艰难

销售是什么？

在前面，我们给它下过好多定义，每次都不同，但每次都有说服力。这很正常，因为销售没有绝对的公式与定理，我们在这里谈的只是销售精英们对各自成功经验的总结。

很多人觉得，销售就是卖东西，如卖房子、卖保险、卖护肤品等等，其实不是。销，是销自己；售，是出售商品。从本质上说，是出售一个感觉。我们不妨回想一下，当你去买一个商品时，在你购买时，还没开始使用时，这时候，你买的只是一种感觉，也就是销售人员描述的那种效果的感觉。所以，做好销售，第一步是把自己推销出去。

有人问：为什么我在朋友圈卖不出东西，还被屏蔽？很简单，你没把自己推销出去。

怎样把自己推销出去？

首先要学会刺探军情。

也就是说，在介绍和售卖我们的产品前，要完完全全、清清楚楚地了解顾客的需求点，不要盲目进行推荐。盲目推荐是一种硬推销，必定

会导致顾客的反感。

我们可以运用顾问式销售，去刺探军情。也就是一问一答，通过问答了解顾客的需求，然后再向顾客介绍我们的产品。利用此法，要掌握以下三个字：看、问、听。

第一是看，我们可以看他的朋友圈，看他晒的照片和状态，基本上能知道他是个什么样的人，如他的生活水平、喜欢去的地方、生活习惯、性格特点、兴趣喜好等，都会有一个初步的了解和判断。

第二是要深入了解对方，这时候就需要我们来发问了。但很多销售人员经常进入一个误区，那就是我们做什么行业，就喜欢去讲我们的行业。例如，我们卖化妆品，就会去问关于化妆品方面的问题，聊来聊去就是我们的产品，其实这是没学会聊天，更没有学会问问题。问有两种，一种是开放式的，一种是封闭式的。例如，“你用什么化妆品?”她这时候会有很多种回答。“你喜欢用美白洁面乳吗?”这时就只有“喜欢”和“不喜欢”两种答案。这两种问法，各有优点，必须熟练掌握，灵活运用，才能达到理想的效果。

第三是听，它也有两个要点：一是多听少说。要让对方多说，对方说得越多，我们获得的信息就越多。二是要快速回复别人的问题，如果在聊天过程中不及时回复对方，肯定会让人觉得我们不重视他，太敷衍。对方说的时候，我们可以偶尔用表情表示我们正在认真地倾听。

完成这三步，我们也就获得了对方的基础信息，接下来就能根据这些信息做出对方对需求的判断，为我们接下来的销售做好准备。

其次，要学会聊天。

我原先在美容院培训美容师时，发现很多美容师的专业知识并不优秀，但业绩非常好，特别会卖产品，原因就在于她们很会聊天，跟顾客巧妙地拉家常，聊着聊着就让顾客卸下了心理防备，最后聊到商品，顾客很开心、很乐意地就购买了。

再举一个简单的例子，我们去买东西时，相比售货员的推荐，是不是更相信朋友的意见？

我们也可以就此推导出：当你成为卖家时，如果能与自己的顾客快速拉近距离，让对方觉得你是他的朋友而不是陌生人，销售就不难达成。

在这里要强调的是快速拉近距离的要点，那就是在聊天过程中尽量让顾客觉得你们是一类人，因为能成为朋友的人，一定是某方面很相近的人。所谓“不是一家人，不进一家门”，说的就是这个道理。例如，很多人都有过异乡打工的经历，如果我们在逛街时遇到的商家是自己的老乡，是不是会很激动？

那么，都聊些什么，从哪儿聊起呢？

刚认识的，我们可以聊完全无关的非销售话题，聊朋友圈的内容……再深入一点，顾客身上的非销售话题，他的穿着打扮、孩子、生活上的问题、工作上的事情等；深入非销售话题，一般老客户才会聊，可以聊她的家人、婆媳关系，以及私生活等。以上就是聊天的三阶段，原则是刚开始时聊最简单的、完全无关的，然后一步步慢慢深入，由浅入深，逐步让顾客卸下心理防备。

当然，在销售过程中，总是不可避免地会遇到各种各样的拒绝或者异议。拒绝也好，异议也罢，往往会令人茫然，不知道该怎么继续跟客户沟通交涉，最后很多人因此失去了做微商的信心。其实拒绝很正常，只要我们找到客户拒绝的原因，再对症下药，成交并非绝对不能达成。

有一次我去看房子，本来我很中意那个楼盘，很想买那套房子，但毕竟买房是大事，所以我非常仔细地看房。结果，看着看着就挑出了一些存在的问题。比如我了解到，不远处有个电池工厂，于是问售楼人员这附近是不是有个电池工厂。结果那个售楼小姐说："我也不知道，你们到底买不买?"我和妻子听了都非常恼火，这什么态度！就算我很喜欢你们的房子，这下也不想买了。这个案例从反面告诉我们，问题总会有的，也总是能解决的。掌握并运用一定的技巧，就可以反败为胜。反之，过于情绪化，缺乏基本的职业素养，到手的鸭子也会飞走。

面对拒绝或者异议，首先还是先倾听。要听听他到底在想什么，如上面的例子中我问销售人员附近有没有电池工厂，我的潜在意思就是说这会不会影响附近的环境。如果确实有，那么作为一个销售人员，首先要赞同，然后再进行解释，讲你的理由，如电池工厂虽然存在但并不必然构成环境危害等。

再以做微商为例：假如有人问，做微商赚不赚钱，如果我们马上回答："非常赚钱，肯定赚钱!"别人会有异议，觉得你是在忽悠人，毕竟现在那么多微商，行业无秘密可言。其实这时候你应该说："我开始做微商时很迷茫，也非常累，但后来我找准了方向，有了信心，也学习了很多，渐渐地招了几个代理后，我就稍微轻松了点，也能赚到更多钱了。而且我开始的时候只投了一点点钱，相比我现在的收入，这真的是投入少回报多，适合每个初期创业的人。"

也就是说，你要学会扬长避短，把负能量转化成正能量。紧接着你可以问他："你觉得微商和线下实体店，哪个投入少？哪个风险小?"经过几个封闭性的问题，客户就会消除顾虑。如果还是有异议，那么就需要及时调整销售方案。其实，顾客往往不在乎你说什么，而是在乎你怎么说。记住这句话：你说话的态度，决定了顾客的态度。

5. 善用人性的力量

有的需求，我们是察觉不到的，或者是不那么重要的，这就要求我们制造需求，让这些需求变得重要起来。如何制造？利用人性。人性最基本的特征就是趋利避害，所以人们会自然而然地追求快乐，逃避痛苦。追求快乐的力量和逃避痛苦的力量，就此成为决定人类命运的两大力量。在实际销售中，如能好好运用这两大力量，会非常有效。

比如我们说，用了这个化妆品，皮肤会变得白嫩，这就是利用人类追求快乐的力量；逃避痛苦，更简单，天天待在家里，不用化妆品，围着锅台转，慢慢变成黄脸婆，会有人喜欢吗？事实上连你自己都不喜欢，更别说别人了，接下来就有家庭分裂的风险。顾客一想，也是，女人要对自己好一点，然后就买了你的产品。

这一招也可运用在招代理的过程中。

比如我们的很多代理都是宝妈，她们的共同特点就是用的不是自己的钱，话语权很少，比如买个包，还得跟老公要，老公可能会嫌太贵不给买，还可能生气。自己逛街时非常纠结："买不买呢？买回去怎么和老公说呢？"但如果是自己赚的钱，那就想买就买，自己喜欢、自己开心就好。这就是自主危机。接下来就是家庭危机、人格危机、存在危机等。

再如大学生，他们同样是微商代理的主体之一，也是一个危机重重的群体。因为现在大学生不得不面对毕业后的就业问题，现在市场上可没有大把大把的机会等着你挑，想找一份称心的工作更是难上加难。但大学时如果做过微商，且不说成绩怎样，至少是一份宝贵的经验，对以后的工作肯定是有帮助的，在找工作的时候，也是有一定的优势的。因为你在做微商时，学会了如何算账，懂得了销售沟通，如果你带过团队，你还学会了团队管理，这些都是花钱买不来的宝贵经验。以后你去公司上班，在起跑线上就赢过了别人，必然会得到老板的赏识，升职加薪，将来自己做老板也不是不可能。如果你不想去公司上班，想自主创业，那么可以选择继续做微商，也可以去做自己喜欢的事，因为通过微商，你有了一定的经济基础，更容易去实现自己的梦想。

又如上班族，你可以告诉他们：每个上班族都有自己当老板的决心，但又不得不面对各种压力，工资迟迟不涨，家庭负担太大，上有老下有小，干一辈子也买不起房，领导难以相处，同事互相挤对等，这些让人随时想辞职，但辞职之后又没有收入，所以不断地恶性循环，走不出痛苦的圈子。捧着铁饭碗的公务员，并不是无忧无虑，他们升官难，潜规则多，升个小官挤破脑袋尔虞我诈，出了事情还得当替罪羊，如果只是在基层，福利还不如普通白领。

至于个体户，他们投资成本高，风险大，生意不好时整夜失眠，焦头烂额，同时他们还必须面对来自互联网的压力，不断倒闭，不倒闭的生意也越来越难做，与其如此，为什么不捎带着做微商呢？把实体店的流量转化成自己的顾客，线上线下一起发力，优势互补，肯定会越做越好。

再来看看著名的 PMP 理论。

PMP 不是英文缩写，而是“拍马屁”这三个汉字汉语拼音的缩写。拍马屁无疑是贬义的，但其本义并不含溜须奉承等意。其来历据说是这样的：古代蒙古人平日牵马与人相遇时，会相互拍一拍对方的马屁股，道一声“好马”，表示赞赏和友好之意。后来，才逐步变了味儿。所以，PMP 理论强调赞美，不提倡谄媚。

喜欢被认同，被赞美，不喜欢被反对，被否定，这也是人性。不过，真正的赞美是需要方法和技巧的。先来看一个我之前遇到的真实案例：

有一个卖高仿鞋的，他每天夸我，说：“你本人应该很帅，你应该是一个很能干的人……”我知道他只是拍我马屁，想跟我玩套路，买他的东西，但我听完心里还是会觉得美滋滋的，甘愿被下套。尽管我最终没买，因为我没必要买高仿的，但他每次找我聊天，我会很乐意，不会有排斥。一开始我也不关心他的朋友圈，后来聊多了，就不自觉地看看，发现他发的文案都挺有意思，照片也挺清晰，我就觉得这个人很认真，多了些好感。有一天我看到他发了一个三叶草的衣服图片，上面有很多熊猫，我觉得挺好玩，就给自己买了一件。后来因为质量差我再也没有买过他的东西。

这个案例已足以说明赞美的重要性。试想一下：如果质量不是那么差，我是不是还会购买？是不是就成了老顾客？

运用 PMP 理论时要注意以下几点：

首先，不要把恭维等同于赞美。我上次去买衣服，一个女孩子也在挑衣服，她的皮肤是小麦色的，但店员却说她皮肤很白，什么颜色的衣服穿起来都好看，那个女孩子瞬间脸就红了。生活中也有不少学员，培训完之后，到处乱赞美，搞得像讽刺。顾客明明脸上毛孔粗大，还夸她皮肤好；

明明眼睫毛短，还夸她睫毛弯弯之类的。这种不靠谱的恭维只会让人反感。赞美必须是真诚的，发自肺腑的赞美才能深入人心，才能交心。

其次，赞美必须非常明确。如果我们只会说“你挺好”或者“你挺漂亮”之类，对方就会觉得你很敷衍，只是一种普通的寒暄，根本就不是走心的赞美，也根本不会有感觉，当然也不会因此记住你。如果你说“你的发型很棒，特别符合你的气质，让你整个人看起来更精神更漂亮了”，或者说“你这个衣服是今年的最新款，好时尚，紧跟潮流耶”，当你这样明确具体地去赞美别人时，对方不仅会觉得很开心，同时会觉得你是个认真真诚的人，也就不会排斥你，以后买你的产品的时候会更加相信你。

再次，要分清红花和绿叶。中国文化博大精深，导致很多人绿叶红花傻傻分不清，一不小心就会说错话。在和顾客沟通的过程中，千万要注意分清什么是绿叶，什么是红花。下面举几个例子，帮助大家理解：

你这次头发颜色还差不多，显得脸色好多了！

——你今天气色很不错呀，这个头发颜色衬你的脸色非常合适！

这条项链真漂亮，让你的脖子看起来挺长的！

——你的脖子很修长，非常适合戴这种项链，真漂亮！

这件夹克还真显得你有点帅嘛！

——哇，这件夹克就得你穿！真是太帅了！

最后，有人会问，什么时候开始赞美一个人合适。我告诉你们，刚认识的时候就应该开始赞美！不要担心太突兀，因为只要你赞美的方式对了，必然会让对方觉得你是个很好的人，想跟你继续聊下去，这是个非常完美的开端。如果在接下来的接触过程中时不时地 PMP 一下，理想效果是不难达成的。

6. 售后比售前更重要

售后比售前更重要，这不仅仅是站在消费者的立场上而言，也是站在销售者的立场上来说的。从理论上讲，对商家来说，售前与售后同等重要。然而从消费者的角度看，由于各种不专业，对他们来说，售后远比售前更加重要。以买车为例，大部分人买车前无非是看看车子外观好不好，配置怎么样，空间大不大等等，等到交完钱，开上车，特别是出现了这样或那样的故障以及必须定期保养时，才知道这里面的水很深，弄不好就会被4S店割肉。可以想象，这样的销售实际上是两败俱伤的销售，顾客肯定不会再相信商家了，上当就上一次，就算下次依然上当，那也得换一家。商家呢，声誉受损，生意下降，弄不好还要承担法律责任。

人们为什么提起中介就痛骂？因为大多数中介售后服务做得不好。签合同前，叫你“大哥”，等你交完费，他摇身一变成了大爷。人们为什么买家电要选择海尔等大品牌？一是质量过硬，二是售后服务过硬。前者是必需的，质量不过硬，凭什么买？但再好的产品也难免会发生故障，这时候，后者也就显得很重要了。

做微商，尤其是在人们依然戴着“有色眼镜”看待微商的今天，尤其是在很多微商不争气或者无意中败坏了行业风气的当下，当我们成交之后，也要做好跟进服务。没有售后服务的销售，就是失败的销售。因为良好的售后服务是一种无声的销售，它不仅非常重要，也会带给你意想不到的惊喜。

如何做好售后？

首先要给那些买过你的产品的客户建立档案，就当是会员资料吧。很多服装店、餐饮行业、美容行业乃至电影院为了更好地发展，更好地锁定顾客，都展开了会员制，方法很简单，如提供一些优惠，或者通过积分兑换礼品之类，很容易上手。

建档时，可先从客户购买的产品入手，包括他的姓名、电话、地址、年龄、生日等基础资料，再就是他与产品的关系，如皮肤状况、发质等，以及他的家庭状况、职业等。等他生日的时候，你就可以给他一个生日特惠，或者赠送小礼物给他。古人说得好：千里送鹅毛，礼轻情义重。谁说你们仅仅是买与卖的关系呢？至少这个小动作说明你是把对方当朋友看的，即使是小礼物，也是一种心意，客户收到也会非常开心。如果你能长期让他感受到这份心意，他会觉得你一直在关心他、关注他……时间久了，他也会把你当成朋友来看待。

其次是用心关怀客户。

有人说：我不都送他小礼物了吗，还怎么用心？拜托，那即使算用心，也只是套路好不好？

怎么做才称得上是用心关怀客户呢？

作为一名销售人员，我觉得在客户向你下单买产品时，不管他是你的亲戚朋友还是陌生人，第一时间你要做的就是告诉对方产品的正确使用方法，并且一定要是私人定制型的。我们仍以化妆品为例，你必须根据对方的皮肤状况告诉她怎么去用，一来这会给人以专业的感觉，二来不这样的话，你直接让对方看说明书就好了，还用得着你？总之，这是用心的具体体现，用得好，对方一定会感激你，并且会主动给你宣传。

有些客户可能比较有个性，对他们，我们要有耐心。例如，我有一个朋友是做股票的，他的一个朋友见他很赚钱，也想做，但他的这位朋友一来比较忙，二来比较自信，居然在没有任何理论基础的情况下就开了户，然后玩得不亦乐乎。我的朋友很担心，有机会就对他讲，股市有风险，投资需谨慎，并主动将一些基本知识和常用的理论技巧发给他。对方呢，并不领情，甚至有些厌烦。按说朋友应该识趣，人家愿意赔就赔呗，他自己的钱，跟你有什么关系？但我的朋友不这么想，在他看来，如果不是因为自己的缘故，朋友不会进场。既如此，自己就有责任，尽量不让他亏损。后来，当对方开始亏钱时，才深刻认识到自己的不足与朋友的苦心，主动向朋友学习起来。我讲这个案例的意思，是说所有做销售的人都应该向我的这位朋友学习，学习他真正为他人负责任的意识，他是明明不需要负责依然选择负责，而太多人却只对自己负责。这里要提醒大家一下，很多人都会觉得，客户是我们的亲朋好友，就不需要那么麻烦了，其实这个观点大错特错。不可否认，很多亲戚朋友最初都仅仅是出于支持我们才会买我们的产品，那么我们更应该服务好他们，不能因为他们是熟人而疏忽、懈怠。我的一位很会做熟人生意的朋友说过，熟人也是上帝，绝不能厚此薄彼。

当然了，这里的核心还是“用心”二字。不管是亲戚朋友还是陌生人，只要我们用心去做，付出总会有回报。

最后是定期回访。

我们还以化妆品为例（并不是因为我只会讲化妆品，而是因为化妆品相当于微商行业的大宗商品，对很多读者会有直接的帮助），在顾客使用产品的前 3 天，我们应该每天询问对方的使用情况，效果如何，体验怎样，是否满意。我们一定要主动，并基于我们的专业素养问顾客一些细节的、有深度的问题，例如，刚开始用时皮肤有没有什么不适的地方？如果有，到何种程度？由于刚开始换护肤品大部分人的肌肤都有适应期，所以没什么大的不适的话就告诉对方要坚持使用。一周之后可以再次回访，问问对方：使用一周了，可有些改善？有没有觉得皮肤稍微细一点、嫩一点、润一点？要告诉对方应该继续坚持，给她继续使用下去的信心。当然，不一定要让话题局限于此，我们完全可以把顾客当朋友，分享自己的生活。3 个月后，基本上一套护肤品就用完了，这时候要重点回访，记住一定不要只想自己，别除了让对方买货就再不知道其他，至少你应该告诉对方，如果效果不是特别明显，还可以做有针对性的调换。

要记住，一定要把客户当朋友对待。你把客户当朋友，客户才不会把你当成只想翻他口袋的奸商。另外，朋友是需要维护的。维护好自己的老客户非常重要，因为他们身后有千千万万个客户，把一个客户服务好了，他以后对你深信不疑不说，还会介绍给自己的朋友。或者当他觉得这个事业机会不错的时候，还有可能和你一起合作，做你的代理。

◆微商分享课堂——何去何从，愿你能有自己的答案

2015 年 3 月 12 日，我不会忘记这一天，这是我下决心加入欧诗漫开启新的微商之旅的日子。

一切来得不是那么顺利。家人的反对，老公的劝阻——毕竟自己只是一个家庭主妇，并不擅长于销售、规划和与人交流。如何取得别人的信任，开启第一步，是摆在我面前最严峻的课题。

然而我心里知道，如果只是深埋于厨房、客厅的狭小天地，浑浑噩噩，碌碌无为，只能伸手要钱，手掌向上，又哪儿来的独立和自主?

看人脸色度日的心情，实在比挑战失败更让人难以接受。毕竟，我可以接受失败，但是无法接受放弃。

再艰难的第一步，当你迈出去的时候，就不会觉得无法做到。业务问题，既然不会，那么就强迫自己去学习。查漏补缺，每次听课都认真记录，课后总结，对比反思自己哪里还没有做到极致。学习课程，汇总订单，熬夜到后半夜才睡觉已经是常态。只是我相信，哪儿有不劳而获的荣耀，哪儿有低头就能捡钱的好事，所有的一切，都只是自己的付出累积出来的结果而已。随着读的书越来越多，学习到的技能日益升级，

心智也是日渐成熟，我处理日常事务的方法和规划也愈加成型。终于，我克服了业务问题这一最初的拦路虎。

随着代理的不断涌入，我的团队日益壮大，为了谋求发展最大化，升级也不可避免地摆上了我的日程。但是，我虽然通过微商获取了第一桶金，可想要升级到自己梦想的等级，资金是必须解决的又一难题。还没有得到家人的支持时，孤军奋战居然让我觉得如此悲壮。四下借钱也要升级的坚定，让我越来越拼命。我不是一个聪明的人，但是我知道“滴水渐积成沧海”的道理，我相信欧诗漫不会辜负任何一个信任它的人。果然，随着倾尽一切的付出，我慢慢还清了所有的欠款，守得云开见月明，清澈的泪水伴随的是荣耀的微笑。

改变的是思维模式，收获的是幸福人生。感谢欧诗漫带给我的改变。我想我的改变不仅仅是把我从一个厨房常客变成了社交达人，也不是教会我如何绽放最美的妆容，更不是去到了一个普通女人可能一生也去不了的国外世界，同样不是收获了自己用做微商的钱买的车子和房子，最大的改变是这份发自心底的独立和骄傲，是不输给任何人的这份昂首挺胸的尊严和意志！

困难，翻不过去就是你的止步山，翻过去了就是你的分水岭。何去何从，愿你能有自己的答案。感谢欧诗漫，让我程宁阳变成了一个任何时候都不会辜负梦想的女人。

第七章

团队裂变，打造微商帝国

1. 团队裂变的秘密

自古以来，就不存在仅凭一己之力能取得大成就的人。人们说，成功男人的背后肯定有一个伟大的女人，好像成功就是两个人可以干成的似的。非也！其实，每一个成功人士背后都有一个成功的团队。当然，人与人不同，对成功的定义也不同，有些人做微商一个月赚 2000 元可能就觉得自己挺成功了，但我们知道，那只是成功的起点。如果做微商仅仅是赚点零花钱，那还不如不做。要做就做到最好，不然说什么做微商是创事业，做微商是一种生活方式，太讽刺了。正是基于这一理念，我们这本书从开篇到结束，尽管各章节的侧重点不同，但时时处处、正面侧面都会提到团队建设。

这倒不是说这个世界就不需要英雄了，而是说应该打造一个以英雄或者说是以精英为核心的团队系统。这个系统不仅可以让英雄如虎添翼，还能培养、造就或者吸引更多的英雄。比如水泊梁山，天罡地煞一百单八将，朝廷大军围剿多次都无法得逞，难道仅仅是这一百多人太厉害的原因吗？实则不然，靠的还是团队的力量。但是没有这一百零八位好汉，团队没有主力，没有主心骨，也不行。

为什么你的团队难成长？为什么你的团队难突破？为什么你的团队留不下人？……因为你没能让团队裂变。团队是由什么组成的？人。所以团队裂变要从人心着手。团队裂变，首先是团队领袖自身的裂变，你要从以往甘愿过朝九晚五、平平淡淡的小日子的你，裂变成有信仰、有目标、有能量、有气势的你。只有做到这些，你才能开展下一步：确定你要做多大的团队，并明确方向，锁定人群，建立组织，培养骨干。

人多力量大，人多好办事，这是再简单不过的道理。做微商，如果只靠个人的力量，既要经营朋友圈、做引流、做培训、收发货，还要做客服，不可能做大，也不可能做好。特别是在这个互联网高速发展的时代，微商行业几乎以 1 个月相当于实体行业 1 年的发展速度不断刷新着新形势，想在这种一日千里的大环境中求生存，组建一支过硬的团队势在必行，且刻不容缓。

举例说明，你代理某个产品，在没有团队的情况下，一天 24 小时不睡觉，也很难卖出多少货。但你如果能找到 20 个代理，每人一天卖 2 盒，一个月下来就是 1200 盒。你一盒也不需要赚太多，20 元，月收入也有 24000 元了！你当然可以继续做你的零售，但此时你更应该做的是管理好你的团队。要知道，你的团队不仅会为你创造利润，而且会自我繁殖，那时候你的收入势必会更加可观。所以我们必须把微商的奥秘挑明：重点不在零售，而在于建团队。

我们在前面讲过，做微商，首先要选个好产品，其次选个好团队，大家捆在一起才好发展，最后就是组建个好团队。

但做微商建团队的好处绝不止这么简单。我们讲一个残酷点的例子，“二战”期间，军队中职位越高的人死亡率越低，这说明我们所处的位置越高，损失度就会越低。商场如战场，在运营微商的时候，组建团队，使自己成为领袖，益处自不必说，还能降低我们事业失败的风险。最直接的一个例子，假如某天我们感冒发烧、头疼脑热了，如果我们没有建立起团队，只是自己单打独斗，那么这一天就没有收入了。如果我们有团队，那么即使自己不能正常工作，团队也依然在正常运转，这样就可以化解没有收入的风险。

收入主要分两种，即主动收入和被动收入。主动收入就是工作就有钱，不工作就没钱，大多数人都是靠主动收入生活，重复性地朝九晚五地上班；被动收入就是不工作也有钱赚，如银行利息、收取房租等。一般情况下，如果我们的主动收入和被动收入的比例是9∶1，我们会活得很辛苦；如果比例是5∶5，我们的生活已发生很大的变化。只有组建团队，依靠团队出成绩，主动收入才会越来越少，被动收入才会越来越多，我们生活的幸福指数也才能越来越高。

组建团队，还可以实现优势互补。以我为例，我的团队里既有“60后”的老前辈，也有20岁左右的学生党、打工仔，有公司白领，也有普通的商贩；有博士、研究生，也有初中没上完的“社会大学”毕业生。他们来自各个阶层，属于各个年龄段，具有不同的学识水平，各有所长。这实在是太有用了：时间多的去管理群，擅长写作的来写文案，擅长网络开发技能的就做好网站，视频玩得好的就进行视频营销的推广……有些事情原本与做微商八竿子打不着，但因为熟了，成了朋友，相互之间能够帮忙的实在是太多，这又岂能用金钱来衡量？

2. 代理是吸引来的，不是招来的

先来看一段历史：

战国中期，某年燕国发生了内乱，邻近的齐国乘机出兵，侵占了燕国的不少领土。不久，燕昭王即位，他迅速平定内乱，并广招贤士，以振兴燕国，夺回失地。但好几个月过去了，也没人投奔他。燕昭王便向郭隗询问怎样才能求得贤良。

郭隗先给燕昭王讲了一个故事：从前有一位国君，他不惜千金，想求购一匹千里马，却始终买不到。国君手下有个不起眼的人，自告奋勇地为国君去买千里马，国君同意了。此人用了数月的时间，打听到某处人家有一匹良马。可是，等他赶到当地时，千里马已死。于是，他就用百两黄金买下了马的骨头，回去献给国君。国君很不高兴地说："你给我买马骨头干什么？"对方说："我这样做，是为了让天下人都知道，您是真心实意地想出高价买马，而不是欺骗。"果然，没过多久，就先后有人送来了好几匹千里马。

讲完上面的故事，郭隗又对燕昭王说："大王想得人才，也要像买千里马的国君那样，让天下人知道你是真心求贤。你可以先从我开始，

人们看到像我这样的人都能得到重用，比我更有才能的人就会来投奔你。”燕昭王认为有理，就拜郭隗为师，还给他优厚的俸禄。并让他修筑了“黄金台”，招纳天下贤士。消息传出后，一些有才干的能人纷纷前来，由此燕国迅速强盛起来，不仅夺回了被占领的土地，还差点灭了齐国。

在招代理过程中，相信大家都会遇到类似的问题：好话说尽了，但对方就是不做我们的代理，怎么办？好不容易招到几个代理，结果有跟没有差不多，完全不下货，不出单，怎么说都没用。让他们下点货，便会找各种借口搪塞你。

其实，看完上面的故事，我们应该已经明白：人才其实都是吸引来的，而不是招来的。刘备的例子恐怕比燕昭王更有说服力，他只是个潜力股，除了人品和抱负，一无所有，若是走普通的招聘渠道，怎么可能招到人？但由于他人品出众，胸怀天下，反倒比那些有钱有势的老板更受欢迎。做微商也是如此，你可以给出堪比世界500强的条件吗？你可以给出国家机构的铁饭碗吗？都不能。但是你能给他人提供一个创业的契机，如果你还有相应的人格魅力，仅此，已经足矣。

我们反复强调，微商是个分享过程，先分享，才谈得上回馈。不过有人说，分享的前提是你肚子里有货，如果你什么都不会，小白一个，分享什么？其实古人说得好，“心诚则灵”。古人也说，尺有所短，寸有所长，就看你想不想分享，就看你怎么看待分享。女人们碰到一起就聊个没完，讲的都是有用的吗？未必，但你能说这不是分享吗？你又能说她们讲的全然无用吗？

前段时间，与一位非常优秀的代理伙伴聊天时，她跟我说，她现在有5000多个好友，其中零售客户有300多人，代理有20多位。我当时很惊诧，因为我知道她是一个很普通的人，做的时间也不长，那么她是如何做到的？答案很简单：她擅长小儿辅食，经常在很多妈妈群教她们怎样做辅食。难吗？分享也好，招代理也好，都离不开价值输出，不输出，不为别人提供价值，你和你的事业在别人眼中就是无价值的，即使舌绽莲花也没用。

很多人，我们不否认他们很有能力，非常敬业，但他们只会卖货，不想把经验分享给别人，怕别人学会了抢了他的生意，这是不对的。想做一个成功的微商，就一定要把自己的经验分享出来给别人，这样才能为自己带来更多的利益。前面说过，代理不是招来的，而是吸引来的，没有点基本的格局，谈何吸引？

什么叫格局？这里所指的肯定不是指一套房子坐北朝南、三室两厅那种格局，而是指一个人能够惠及、泽及他人的广度。简单来说，有人比较自私，他们并非没有格局，只是格局太小，小到只能容下自己，自己过得好就行，其余六亲不认，不择手段。正常人的格局，至少要包括父母、兄弟姐妹、爱人与孩子。格局再大些的，会把亲戚、朋友、乡亲也考虑进来。伟人级的格局，不仅会涵盖所有同胞，甚至会泽及全人类。尽管做到这些很难，但我们讲过，心诚则灵，勿以善小而不为。

一个微商团队，其实质就是一家企业。一个有自己团队的微商，实质上就是一个企业负责人。企业虽小，但胸怀绝不能小，胸襟绝不能小，企业的发展空间也不能小。组建团队就是销售梦想。从心理学的角度讲，人类特别容易把自己放在一个适合自己的框架中去生活或者成长。以此为出发点，我们可以先提出一般人选择事业的标准，再一条条地告诉对方，我们的事业就是符合这个标准的。例如，我们可以这样说：时间自由，收入高，受人喜爱，发展空间大，符合社会发展大趋势，可以边学习边玩边赚钱，能将认识的人都变成自己的粉丝和客户，并且好友越多自己的价值越大。讲完这些，没有几个人会不动心的。这时，我们再通过团队中其他伙伴的案例跟对方讲为什么微商事业符合这些条件，自己的代理是如何做到的，等等，这样就很容易吸引他们，并最终能够把他们吸纳为团队成员。

最后，我们要学会利用氛围来吸引人。在一个混乱、消极的氛围中工作是一件痛苦的事情，这样的团队注定是坚持不了多久的。我刚毕业时，去过一家企业应聘，我本来信心满满的，做了好多准备。但我去到该公司，一时没找到接待部门，我便打听一位经理模样的人，结果他对我说："到哪儿干都比在这儿强，我们都快要不干了你怎么还到这儿来?"当时我很诧异，就留意了一下办公区，结果发现该公司的大部分人都是死气沉沉的，于是我便打消了继续应聘的念头。

同理，如果你做了某个微商的代理，对方把你拉到学习群里，但整天也没个人说话，死气沉沉的，你还会有信心吗？当然，营造良好的工作氛围是一项系统的工程，我们会在下面的章节中具体阐释。

3. 团队发展的四个阶段

有微商经验的人，特别是那些带过团队的微商，大概都有这样的体会：

做微商确实令人兴奋，发发信息，聊聊天，货就卖出去了，代理就吸引来了。

微商也确实残酷，上周五团队还热情高涨呢，结果过了个礼拜天，代理都找不到影子了！

大家一开始都是信心满满地加入，一心想通过微商改变现状，改变命运，但半个月没出货，招不到代理，连自己都开始怀疑自己了。

其实，这些都是微商道路上普遍存在的问题，没必要怀疑。有问题很正常，对症下药就是了。我之前做过一个调查，专门采访了很多微商团队的老大，结果显示，大家在团队管理过程中都会遇到一些问题。如下图所示，你的团队是不是现在就存在这些问题，或者说你的团队曾经存在过这些问题？如果是前者，那说明你的团队现在正处在团队发展的第二阶段。

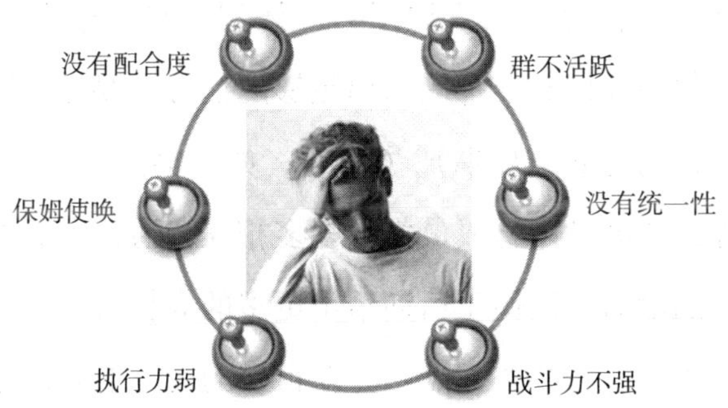

一般来说，团队发展可分为四个阶段：组建适用期、不满期、认同期和成熟收获期。下面我们就来详细介绍团队发展的每个阶段，以及团队领袖在每个阶段应该发挥哪种领导力。

第一阶段是组建适用期，很显然，任何团队刚成立时，都必须经历组建适用期。在这阶段，在人的层面，团队成员之间了解得比较少，成员与团队领袖之间也了解得不多，彼此之间缺少信任与归属感，沟通往往局限于单向沟通，虽然有人会因此另谋出路，但此时大多数成员的期待都很高，众志成城，整体上还是积极奋进的；在事的层面，表现为没有明确的工作流程和规范，没有团队愿景和目标，或者说成员缺乏对它们的了解与认同，团队决策一般由团队领袖单向做出。

鉴于此，在人的层面，团队领袖要尽量帮助团队成员彼此熟悉，其本人自然也应借机和团队成员建立良好的信任关系，了解团队成员的性格和优点。可通过线下集体活动，如爬山、吃饭、K 歌等，创造大家彼此熟悉的机会。在此过程中，要以获取团队的信任为中心目标，要让大家理解你没有任何恶意，你是来帮助他们、支持他们，跟他们一起奋斗的。同时，还要展现自己强大的专业能力和行业影响力，让他们认识到跟着你可以学到东西，赚到财富，从内心里服你，你才能带领他们。

对事，你要迅速跟团队成员一起梳理各项工作，了解现状，找出差距，提出改进目标，一起制订策略和行动计划，并在此基础上提出团队的愿景与目标，并让每个人牢记于心。切记一点，作为团队的领军人物，领导者必须在任何时候都展示出足够的信心。要经常性地通过各种正式的与非正式的方式与团队成员沟通，如晨会、例会、周报、日报、一对一沟通等，并鼓励团队成员之间多多相互沟通，主动沟通。要善于发现团队成员的潜力，以便于后期给出更多的成长机会。

在第一阶段，有一些关键点，如在目标的设立上要避免空洞，作为团队领导要站在全局和各方利益的角度考虑，把主要精力放在高潜力的人身上，等等。

一段时间后，发现人都不见了踪影，这说明团队进入了第二个阶段——不满期。当然，这里所说的“人都不见了踪影”是夸张语。另外，第一阶段与第二阶段也不存在非常明显的界限。事实上，第一阶段存在的问题在第二阶段仍然有可能存在，第二阶段的一些表现也可能会出现在第一阶段。

这个阶段的主要特点是：成员之间有了一定的交流和互动，但默契还不够；团队成员和团队领导不再单独单向沟通，能够进行一定程度的双向沟通；团队成员的期望和现实走向脱节，有人对未来不自信，出现挫败感与焦虑；团队里形成了小团体，人际关系紧张；各种工作流程和规范依然没有，工作比较混乱，但已经开始运转。

鉴于此，在这一阶段，团队领导要注意安抚人心并及时化解矛盾，过程中要注重区分冲突的性质，找出冲突的根源，了解事情的来龙去脉之前，千万别急着选边站；要在分析团队成员的性格、优势与不足的基础上，对成员角色进行分工与安排，培养成员归属感，减少不安；要抓住一切利好的机会鼓舞团队士气，善于树立典型，对于取得突出成绩的队员要尽可能地为其争取荣誉，号召大家向优秀者学习。

不满期的斗志相较第一阶段肯定是削减的、低落的，就好像一堆被细雨淋了的篝火，需要加把火，才能重新烈焰熊熊。只要能度过这一阶段，就会步入第三阶段——认同期。

在认同期，团队会逐渐形成独有的特色，成员之间能顺畅沟通，无私地分享各种观点和各类信息，团队荣誉感很强。即使面对极富挑战性的工作，也会表现出很强的自信，在特殊情况下能自我激发潜能，超水平发挥，这样的状态以及对终极成功的渴望，会推动团队进入巅峰时期。

鉴于此，团队领导要有意识地塑造符合团队特色的团队文化，培养成员的归属感、使命感和自豪感，要关注下属的个人需求，实行有针对性的激励与惩罚机制。

再接再厉一段时间，我们先前的努力就会开花结果，也就是团队发展进入成熟收获期。这时候，团队上上下下充满自信，分工比较明确，角色定位也比较清晰，战斗力所向披靡。此时，作为团队的领导者，要更多地把精力放在把控团队方向与人才的引进、培养上，要注重群策群力，合理授权，共享决策，不搞“一言堂”，要有更大的视野，要不忘初心，保持信仰。

4. 团队管理三要素：目标、制度与情感

目标管理、制度管理和情感管理并称为团队管理三要素。

首先来看目标管理。

俗话说得好，梦想比较虚幻，理想比较现实，而目标则更强调实践，强调落到实处。目标即方向，它是驱使人向前迈进的原动力。哈佛大学做过一项十分著名的跟踪调查，对象是一群智力、学历、环境等条件都差不多的年轻人，跟踪调查了25年后，结果发现：有清晰且长期目标的人，都成了社会各界的成功人士；有清晰短期目标者，大都生活在社会中上层；模糊目标者，或者说没有目标的人，几乎都生活在社会的下层，甚至是最底层。

做微商也是一样的道理：为什么有的人能做大代理？有的人只能做小代理？一个主要问题就是有人赢在了起跑线上，有人从一开始就输了。为此，我们首先应该给自己订一个目标，给自己的团队订一个目标。

如下图所示，目标不是随意订的，它有自己的原则——SMART原则。其中，S指明确性，M指衡量性，A指可实现性，R指相关性，T指时限性。

制定目标的原则——SMART原则

S	明确性	目标要清晰、明确，使团队成员能够准确地理解目标
M	衡量性	将目标量化，应该有一组明确的数据，用于考核衡量
A	可实现性	目标是可以达成的，并能够被执行人所接受
R	相关性	各项目标之间有关联，相互支持，符合实际
T	时限性	目标设置要具有时间限制

明确性，意思是目标要清晰、明确，使团队成员能够准确理解。衡量性，要求我们将目标量化，有明确的数据，作为衡量是否达成目标的依据。例如，一个月辅助 3 个下级代理升级并转化 3 位新代理。可实现性，是指一口吃不成胖子，目标的制定要根据团队的实际情况来设计，一定要让团队成员够得着，不然会把人吓跑，或者制造失望。相关性，是指各项目标之间有关联，相互支持，符合实际。比如目标分解后通过代理裂变新进引流 200 人，有 20% 购买了我们的产品，并且转化了 10% 成为新代理。时限性，就像我们理解的字面意思一样，目标设置要有时间限制，其中包括制定完成目标的时间要求，定期检查目标的完成进度，以及有异常情况时及时调整目标计划。

值得一提的是层级分解的问题，也就是把大团队的总体目标层层分解到小团队。比如某产品的省级微商代表每月的任务目标为销售额 20 万元，省代有 10 名市代的话，任务就被分解成了市代每人每月 2 万元，市代如果有 20 名精英的话，每个精英的月任务只不过 1000 元，精英再根据店长继续分解。乍一看，20 万元的目标挺吓人的，但层层分解之后，不仅更有信心了，任务也更加清晰可见。

团队管理的第二个要素是制度管理。

一般情况下，制度由团队的核心高层制定，需要团队内的所有人都知道，制度应该很实用，有很强的可操作性。

一个微商团队，首先要有日常群制度。微信群是我们的公司，也是我们的办公室，所以必须要有群规。这一点，大家可以根据实践逐步完善，无须我们浪费笔墨。其次要有定期的会议，每天定时开会交流，长期坚持，这样团队会越来越专业化，越来越有凝聚力。再次是要制定权利义务制度，有权利就有义务，每个人各司其职，各负其责，团队才能高效运转。再其次是奖惩制度。具体奖什么、罚什么，可以根据团队来定，要注意的是必须重奖励、轻惩罚。最后是培训制度，没有知识武装的团队是难以维系的团队，每个真心想把微商做好的人都非常渴望充实自己，所以成熟的微商团队必须有培训制度。除了团队领导要非常主动地、持续不断地去学习、去提升，然后无私地分享给大家，还要经常举办各种培训会、交流会，让每个成员都进步，聚众力，汇众心，这样整个团队的进步可想而知。

胜在制度，赢在执行。有了制度，还要确保实行。首先，团队的领军人物与高层要具备引领能力，要通过学习与实践，不断提升自己的领导力。要随时随地监督团队成员，随时随地传递制度意识，从上到下，层层带动，同时还要乐于接受团队的监督，严格要求自己。

情感管理是团队管理的第三个要素。有了情感的维系，陌生人才会变成亲密的战友。我们要了解成员的需求，并结合马斯洛的需要层次理论，充分给予认同和满足。要建立感情联系，最重要的是沟通。成员有好事的时候，要第一时间去恭喜、去祝贺，成员遇到了难题，遇到疑惑的时候，要主动积极地为他们排忧解难。当他们拼搏的时候，要为他们加油激励，与他们并肩作战；当他们缺乏信心时，要及时明确地给予坚定不移的信心；当他们羡慕、称赞、感谢你时，要学会分享与感恩，要清楚地知道，没有你的队员，就没有你的今天，就没有更好的未来。

5. 建好群，管好群

初级微商，运用好万能的朋友圈，基本上就可以开展业务了。但迈过初级阶段后，建微信群就是当务之急了。当然我们前面也讲过，微信虽然好，但不要抛弃 QQ，有鉴于二者的建群与管理并无本质不同，所以在下面的叙述中，我们以微信群为主，就不刻意提及 QQ 群了。

如今，社交媒体已经进入社群时代，一个微信群就是一个小小的社群，它既能满足群友之间人际交往的需求，也能满足群主的传播需求，还能作为精准营销的渠道、团队培训的平台。于是，许多人不仅加入或者被拉入各种各样的群，还出于各自的需求建起了自己的群。那么，如何才能建好一个群呢？

普遍认为，建好一个微信群需要做好三件事：一是定位要准；二是构成要优；三是管理要好。

先说定位要准。建一个微信群，群主一定要想清楚：为什么要建它？服务的对象是哪些人？如何服务好群友？有的朋友一时兴起建了个群，拉了一帮人进来，发发红包，相互认识认识，接触后没啥共同话题，慢慢就散了。所以说，一个好的微信群一定要定位准确。那么，怎么才算定位好呢？有人说，都是潜在客户，这不就是一种定位吗？其实不然。潜在的不能算数，要把潜在转变为现实，还需要一种现实的媒介。例如，你可以建一个基于血缘的群，或者基于地缘、业缘和趣缘，都可以。佛家说，万事皆缘，我们在这里讲，办什么事，都得先结缘。

在血缘、地缘、业缘与趣缘这四大缘中，普通人可能以为前两者更好入手，表面上看来是这样，毕竟是灰就比土热，然而太熟的话，也会有很多禁忌，不能畅所欲言，而且会掺杂太多的感情因素。换言之，我们应该着重业缘与趣缘，以它们为基础建立的微信群才是真正的最有意思的群，志同道合，才好展开下一步合作。

再说构成要优。一个好的群要多元化，要有层次，群友构成不能太单一，不然缺乏观点的碰撞，产生不了多少沟通价值。同时，就算是基于共同的爱好，如唱歌，成员也要尽可能是来自不同地方、不同年龄、不同阶层的各方人士，要有主导交流的核心层，要有积极参与的中坚层，还要有不时响应的围观层。一个结构合理的群才会有生命力，而且这个结构要随着群友的增减与需求不断调整，要始终牢记，群友的需求是群存在的基础，群友之间的差异性、积极度与凝聚力则是群的生命力的保障。此外，真正优质的群还要与公众号、线下实体相互倚重，形成新媒体矩阵。

最后是管理要好。建群难吗？不难。按照步骤操作，往群里拉些人就行。难的是管理，管理不仅需要技巧，还需要耐心与坚持。作为群主，要保持群的活跃度，必要时还要发个红包什么的，但主要还是精力与时间的持久付出。“无规矩不成方圆”，群主必须制定简单有效的规章制度，对贴广告以及非本群内容、非本群公众号、黄赌毒等现象，要及时清场。在清理整顿的同时，还要时不时地吸收新鲜血液，让群员保持在满员状态，如此才不会给随意拉人的人留空子。

最重要的一点，群主不能全凭一己之力管理群，要善于借力，群策群力，大家好才是真的好。对于那些团队初具规模的微商来说，肯定也不止建一个群，这时候，更需要懂得借助下级代理或者潜在代理的力量。以下是我根据自己的经验整理的一个微商新人群的架构及相应制度，放在此处供大家参考。

一、群架构

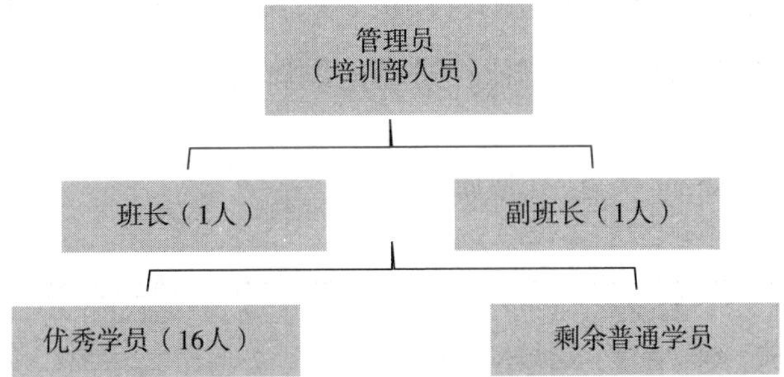

二、角色要求 & 职能

1. 管理员

a. 微信群的创建者；

b. 群的主要维护者；

c. 群运营。

2. 班长

a. 辅助管理员维护群内有效秩序；

b. 主动回答群成员的问题（不懂可咨询管理员）；

c. 务必参与每期活动；

d. 每周至少帮助 5 名群伙伴进行问题解答；

e. 能够协助管理员进行资料收集等其他工作。

3. 副班长

a. 辅助管理员维护群内有效秩序；

b. 主动回答群成员的问题（不懂可咨询管理员）；

c. 务必参与每期活动；

d. 每周至少帮助 5 名群伙伴进行问题解答。

4. 优秀学员

a. 能够积极响应群内的活动和学习；

b. 能够在日常交流中协助管理员、班长、副班长进行群管理；

c. 每周至少帮助 1 名群伙伴进行问题解答。

三、角色福利 & 学习激励

角色	角色奖励（副班长 1 期/优秀学员每期 1 周）	其他福利（连任 2 期的）
班长	价值 1000 元授权级别产品任选	1. 毕业后一个月内第一次拿货可获得 20% 的赠品配送（赠品按采购价格配送） 2. 可直接被邀请进入市代群，学习市代课程 3. 价值 2000 元授权级别产品任选
副班长	价值 500 元授权级别产品任选	1. 毕业后一个月内第一次拿货可获得 10% 的赠品配送（赠品按采购价格配送） 2. 可直接被邀请进入市代群，学习市代课程 3. 价值 1000 元授权级别产品任选
优秀学员	价值 79 元欧诗漫水漾面膜 1 盒	1. 毕业后一个月内第一次拿货可获得 10% 的赠品配送（赠品按采购价格配送） 2. 可直接被邀请进入市代群，学习市代课程

四、班长、副班长、优秀学员日常事务细则

1. 群内的日常问题解答（班长、副班长回复，管理员纠正）；

2. 群规则的遵守；

3. 重要事情的通知（公司通告、下周课程……群内后台关键词填充与优化……）；

4. 群内学员动态事务监管（检查是否有违规事项）；

5. 每周安排一位优秀学员进行学习分享；

6. 对每位学员的表现进行记录（考试成绩、帮助过谁、活跃、主动、负能量……）；

7. 群内每日重要事情收集记录，创建话题记录标识。

五、晋升规则

1. 班长、副班长于第一学期结束后进行一次重选，由培训部进行考核评选（允许连任）；

2. 优秀学员每周评选一次，由班长、副班长提名，培训部审核（允许连任）；

3. 角色就职期间，无法胜任该角色职能时，将被替换。

6. 将培训进行到底

首先我们要明白培训是什么。

其实，大家对培训存在很多误解。有人觉得培训师是自导自演，开培训课时，就像个演员一样，对着观众表演节目。有人觉得培训华而不实，被华丽的宣传以及高大上的海报吸引，花了很多钱去听课，过程中虽然满是掌声，气氛很活跃，但事后回顾起来，却发现收获甚微，培训师讲的内容对我们的工作生活并没有什么实际用处。还有人觉得，培训就是各种兴趣班、出国集训班，只有需要学习某些特定内容的人才会有接触，而一般人每天上班下班，又不出国，哪儿需要什么培训呢？

事实上，培训就在我们身边，和大多数人的生活息息相关，只是我们体会不到而已。

例如，我们有很多微商代理是宝妈，她们在带孩子的过程中，教孩子走第一步，教孩子牙牙学语，告诉孩子别相信陌生人，不要一个人到处乱跑，这些难道不是培训？再举个例子，我们在准备一趟旅行时，特别是没有经验者，多半会请教朋友，这时朋友就会给出建议，我们自己也会浏览互联网查阅相关攻略等，这也相当于别人给我们做培训。所以说，培训到处都有，凡是与传播知识有关的事情，都与培训有关。

那么，微商如何做好培训？应该注意哪些关键点？

首先，培训应该是有目的的。

家庭教育是为了孩子茁壮成长，生活经验分享是为了提高生活质量，医生的指导是为了更加健康地生活，微商培训是为了提高我们的微商技能，帮助成交，帮助大家挣钱，帮助大家共赢。

其次，培训是为了促进自发学习。

作为培训师，首要的是能启发学员的思维，能够举一反三，学以致用，而不是“填鸭”。大家可以回顾一下，以前我们读书时，老师是不可能把所有题目都讲一遍的，只能教一些概念，我们在老师的循循善诱下，应用概念，就可以解同类题目了。这就是自发学习的初级阶段。微商培训也是如此，培训师不可能面面俱到，但只要能打开大家的思路，促进大家自发学习，就是好讲师。相应地，也只有能举一反三的学员才称得上是好学员。比如当讲师讲到QQ引流后，学员会想：那我在微博上能不能引流呢？理论上是可以的，但只有理论不行，还要去尝试。

最后，培训能增加集体的凝聚力。

通过培训，能提高团队的凝聚力。特别是通过思想的交流，团队会产生统一的思想和目标，团队成员会自觉接受管理。不妨打个不恰当的比方，古代由于各种原因，百姓基本上都没亲眼见过皇帝，但他们都愿意接受皇帝的管辖，并乖乖交上赋税，同时把皇权看得至高无上。究其原因，在于封建皇权一直在对所有子民进行思想行为的培训，让所有人都甘愿将皇帝当作天，当作神；而皇帝通过这种培训，也更易于管理自己的万万子民。

接下来，我们讲讲如何才能做好培训。

首先自然是我们自己亲力亲为，特别是在团队初建的时候，整个团队就你一个人懂培训，你不培训，让谁培训呢？

其次是复制带教，也就是教代理带代理。如果你能培养10个人，那不仅意味着会有10个人帮你培训，还意味着有10个人帮你赚钱，如果他们各自又复制了10个人，是不是有100个人在帮你挣钱了?！继续想想，通过这种方法，裂变自己的团队，假以时日，千人团队、万人团队，真的不是梦。

复制带教也要有针对性，针对小级别代理和中高级别代理，复制带教的内容也有所不同。

一般来说，针对小级别，复制带教的内容应以基础内容为主，包括产品培训、树立榜样、朋友圈打造、沟通技巧和吸引熟人五点。

产品培训，它的目的不仅是让代理了解产品，帮助销售，更重要的是让代理爱上产品，自己消费产品，只有自己爱上并且使用这个产品，他才会更加彻底地去了解产品，才能更好地销售。所以说，产品培训的目的首先是促进自消费。

树立榜样，是为了树立信念，让小级别代理有成功的希望，有积极努力的信念。怎么去树立榜样呢？可以通过分享一些成功微商的故事，或者分享一些经历了无数苦难的微商人艰苦奋斗最终成功的事迹……

朋友圈打造，好比我们线下的门店打造，包括装修、店员形象、素质、理念等。微商是在微信上售卖产品，能否吸引人购买，能否让人相信你加入你的团队成为你的代理，朋友圈发挥着最基本也最重要的作用。一个优质的朋友圈一定会吸引别人读下去，产生信任，促成成交。具体技巧前面已经谈过，此处不再重复。

沟通技巧，前面也有专章探讨，总的来说是要记住，现在的销售不再是以往的硬推销，而是柔和地与顾客分享，通过分享价值促进销售，或者利用人性的优点与弱点，辅以一些专业话术，实现业绩增长。

吸引熟人，也就是“杀熟”，这虽然是老生常谈，但努力将身边的朋友转化成自己的代理，不仅是微商第一课，也是永恒的一课。做到最后，我们还是在重复着开发新朋友，变新朋友为老朋友，变老朋友为客户或代理的过程。

那么，针对中高级别的代理，该怎样去复制带教呢？

这里建议分两个阶段实行。

第一阶段应注意以下五点：

第一，要培训基础性的引流技能，如 QQ 引流、地推、混群等，微信好友要达到几千人；

第二，讲解团队与招商技巧，培训中高级别代理招商的技能，学习如何去讲解才能成功招商，才能转化更多的代理；

第三，学会策划简单的招商会议，包括线上和线下，线上的招商会比较简单，容易操作，线下招商则比较复杂，这方面内容我们会在后文具体阐述；

第四，掌握小级别代理的培训内容，并培训自己的小代理们，小代理们都成长了，团队才能茁壮成长；

第五，注意心态调节和管理，这被很多人忽略，但微商心态真的非常重要，同样的条件，心态好的肯定比心态差的更容易获得成功，也更有益于团队的发展。

第二阶段，首先要掌握更高难度的技术性引流，如付费广告、付费百度推广、付费头条文章等。其次要学会团队复制，这里强调的依然是要把第一阶段的内容复制给自己手下的代理们，团队复制裂变，才能生生不息，日益强大。最后，还是要强调心态管理，作为中高级别的代理，已经有了很大的团队，已经是各自团队的领袖，作为团队的主心骨，学会管理好自己的心态是必要的，有了好的心态，才能更好地带领成员。

◆微商分享课堂——没关系，坚韧正是我的优点

认识马念瑶是在2011年，当时她在河南郑州银基服装城楼上有一个店面，已经做了3年，状况不好不坏。她高挑个儿，着装干练，说话声音温柔却又不失干脆，笑的时候嘴角就会扬起来，自信而优雅。

2014年，郑州迎来了小商品产业转型，银基商铺大面积调整，马念瑶的店铺也受到很大的影响。批量订单的减少，雇员成本的增加，以及上下打点，都压在了这个女人的肩上，让她心力交瘁，而淘宝等网店对零售业的迅速蚕食，更是让她感到雪上加霜。

机会总是留给有准备的头脑的，当一个人被逼到无路可退时，才可以绝地反击。马念瑶几年来压抑的激情和对商业的认识，让她开始思考未来该何去何从。

初入江湖

2014年9月，马念瑶接触微商。这是一个江湖，她一脚踏进去，面对的风险和机遇都同样巨大。

因为一直在寻找商机，有意或无意间，她冒出了做微商的想法，从

此一发不可收拾。当时马念瑶只有1.5万元的启动资金，对微商也什么都不懂，但用她的话说就是“没关系，坚韧正是我的优点”。她看到别人的朋友圈做得精致，就琢磨如何拍照效果好；看到别人晒单，就琢磨如何维护团队与客户……她买了一床头的书来学习，每天规定自己要读几个小时的书，学习与人沟通的技巧和营销的本领。她把电脑摆在餐桌上查资料，一边学，一边规划自己如何做。上帝仿佛给她打开了一扇门，她走进去，但面对着更多的未知。

辛苦一年，靠着坚持和用心，她的团队迅速发展到200多人，积累了十几万元的流动资金。但说到机会真正降临，还要等她接触到欧诗漫这个品牌。

有人说，微商的成功离不开货源好、服务棒、朋友多。欧诗漫带来的就是货源好这个硬性条件，货源好，在朋友圈发图就底气十足，而价格比专柜还便宜，则为之后的迅速发展打下了牢固的基础。

崭露头角

2015年9月，马念瑶加盟欧诗漫，成为省代；2016年3月，天骄爱之美团队发展到2000人规模，她升为大区总代，收入比之前又翻了一番。在郑州房价急剧飙升的几个月前，她为家人买了一套130平方米的房产。

做到省代，考虑问题所站的角度要更高，考虑的问题会更多，事无巨细，都要照顾到。

在微商的江湖，宝妈是不可忽视的一路大军，她们时间多，有想法，做事细心，但是被孩子和家务挤掉了大部分活动空间，却正适合做微商。这是众所周知的。但实际的情形又不然，在带领宝妈的过程中，马念瑶发现她们的学习能力和时间安排参差不齐，许多妈妈与新事物也有一定的脱节，接受能力更是高低不一。马念瑶因人而异，创造了一对一的带队模式，在前行路上，让快的更快，然后让先进带后进，用她的话说就是“只要耐心带领，用心学习，谁都可以成为销售达人”。

说到成绩，马念瑶很谦虚，她说这都离不开朋友们的帮助，这几年遇到了好多贵人。其实，她自己又何尝不是贵人？也只有贵人才会经常性地遇到贵人。她身边的很多朋友都得到过她的帮助，在她的帮助下几个朋友也进入了微商领域，大家都摆脱了朝九晚五的刻板生活，收入与生活质量都有了提高。“这都是我喜欢做的。”她说。

2017年，各行各业都憋着一股劲，微商也进入关键性的一年，马念瑶满怀激情，她希望自己能够跟随微商的发展步伐，跟随时代的发展，让团队人数再升一个数量级，同时提高团队的服务水平，做到每一次关心消费者的使用情况，让彼此都能有所成长。

第八章

招商，让你的力量不再微薄

1. 你和你的代理都需要招商

所谓招商，就是招代理。

招代理并不难，难的是招到有效的代理。

所谓有效的代理，主要是针对无效代理而言的。我想大家都遇到过类似的问题：好不容易招到几个代理，但完全不下货，不出单，怎么说都没用，再说的话，就干脆不做了。

问题出在哪儿呢？

首先我在这里告诫大家，在招代理时，如果能够招到稍高级别的，就尽量别招最低级的。很多人在招代理的时候可能会想也经常会说："朋友，我看你的朋友圈人比较少，而且你之前也没有做过微商，所以我建议你拿个店长先干着，如何？"从我们自己的角度看，这是为对方着想，为对方负责，免得给对方造成压力，是为他好，但事实真的是这样吗？不见得。

我们先来讲一下微商的构成。

毋庸讳言，微商以及微商市场大多聚焦于三、四线城市，以及乡镇和农村。在这里不是说农村不好，小城镇不好，农村有农村的优势，也有农村的劣势，它劣势的地方不仅仅在于经济与交通，还在于见识与观念。以微商从业人员主体之一的宝妈来说，大部分的宝妈可能结婚之前在工厂上班，到了该结婚的年龄，就回到自己的老家，结婚生子，生完孩子一来需要在家带宝宝，二来附近没有太多的就业机会，恰好在刷朋友圈时看到身边很多伙伴在做微商，便抱着“试试看”的想法加入了微商大军。为什么要讲这些呢？因为以这些宝妈为主体之一的微商从业者，其实 80% 以上都是没有零售经验的，也往往没有经过系统的培训，大部分微商团队也不可能给他们提供系统的培训，大多是把货卖给他们就不管了，他们一来不会，二来没人教，如果再没有些天分的话，你让他们拿个最低级别的代理，去做零售，对他们来说必然是非常困难的。

有人可能会说，我会教我的代理怎么零售，我也有经验，但有经验的销售都知道，销售不是一朝一夕就可以掌握的，它需要很长的时间来磨炼，需要很长的时间来积累自己的人脉和资源。销售做得久了，大家都成了朋友，还用得着什么话术吗？打着哈哈、开着玩笑就把事情搞定了。而这，自然是那些未入门者不敢奢望的。

另外，大家可以想一想：在自己的代理中，那些做最低级别代理的微商，存活下来的是不是很少？反倒是那些级别稍微高一些的，补货也快，存活率也比较高。我身边的例子就有好多。有些最低级别的代理，做两天就不见人了，做一个月卖不出去货，就自动退出，从此提起微商就气不打一处来。有些人招商能力较强，或者说身边这类朋友多，所以招代理特别快，再加上裂变作用，可能一个月就招了 100 个最低级别的代理，但过完一个月再一看，存活下来的可能不到 10 个。能留 1/10，就算比例高的了。

所以，我们在招募代理的时候，招募的重点和目标应该放在精英身上，也就是尽量让代理做级别稍高的代理。对于那些不具备零售能力的人来说，招代理相比较而言反倒更容易些。

当然，对于那些不明白其中道理的人来说，你必须费一番口舌。毕竟并不是他想做什么就能做什么，大家之所以选择做最低级别的代理，还不是因为投入小、风险低嘛，实在不行，他还可以把产品自用。殊不知，这才是最大的风险。

那么，在与潜在代理沟通时应该怎么说服他们尽量做高级别的代理呢？

我们可以说：你一个人卖，是很辛苦的，不是说累，而是说成长的轨迹太漫长。零售的利润相对比较高，但是销量很难跑起来。如果你做精英的话，尽管需要相应的资格，但是也可以拥有招代理的权限。比如你每天能够成交3个零售客户，以前你只能赚些差价而已，但你拿到代理权后，你可以把他们当中的一部分发展成你的代理，你的代理每天也在零售，如果他们也像你一样拥有代理权并且也招到了代理，你们就是一个小团队，你就不需要那么累了。只要把代理培养好，团队就会不断壮大，一群人帮你卖，是不是比你一个人做零售要来得轻松？

接下来我们再谈谈针对零售客户的一些话术，也就是应该怎样去引导消费者成为我们的代理。

比如你可以这样跟他说：朋友，由于你仅仅是我的朋友，是消费者身份，你拿一套产品的价钱是比较高的，但你如果成为我的代理的话就相对便宜多了。这时候要注意，先别告诉他最低的层级，其中的道理和门店销售一样：当顾客进店之后，导购一般都会先把贵的产品介绍给你，当你嫌贵的时候，他们再把便宜的东西介绍给你，当你在内心做着比较时，当你在考虑哪种更加划算时，其实你已经被套路了，反正不管你买稍贵的还是稍便宜的，商家都赚到了。也就是说，我们要多鼓励自己的零售客户往转代理的方向去发展，和他们多聊聊做代理的好处是什么，如自用比较便宜，可以赚些零花钱，可以创业等。

有人说，女性比较爱占小便宜。其实，大部分人都爱占些小便宜，因为趋利避害是人性。但我们不妨适当利用人性，在和代理以及零售客户们做生意的过程中，经常性地让他们沾点光，目的不是让他们觉得自己占到了便宜，而是让他们觉得你这人懂分享，够大方。这才是真正最重要的。当然，这也合乎老子所说的先予后取之道。如果你零售一个产品，原本能赚50元的话，你可以在此基础上考虑一下，如果我少赚一点，能不能把对方发展成我的小代理？还是那句话，把10个零售客户发展成代理，等于有10个人为你卖货。虽然单价赚得少了，但是销量跑起来了，整体赚的就多了。这10个人再把各自的客户发展成代理，你的团队已然成型。

这个道理也要毫无保留地教给你自己的代理，为操作方便，可以把它们逐一存在手机的备忘录里，在需要时，方便、灵活地运用。

上面所讲是针对没有任何经验的人的，对于已经是微商或者从事过微商的潜在代理，我们又该怎样去和他们沟通呢？

首先肯定不能让他们做最低级的代理，否则当他们拿了货之后，就算把所有的货都零售卖掉了，他也不会感激你，反而会觉得你这个老大不怎么样，没什么能力，他会想他这个上家实在太没用，教的都是些没用的东西，害得自己这么久才把这些货卖掉。因为我们说过，依靠个人能力，走量是很难的，以我个人而言，如果做最低级别的代理，能够用两个月时间把第一批货卖完就算优秀，但能赚到多少钱呢？可能也就几百块钱。这时候他们就会抛弃你，然后选择其他品牌，拿个稍高级别的代理，自己也卖货，同时拥有招代理的权力，然后组建自己的小团队，各方面利好因素形成合力，他取得小成就的同时还会想到你：幸亏我离开那个团队了，为什么同样是我，在那里不行，在这里就行呢？肯定是那个品牌不好，那个产品不好，那个上家不好，那个团队不好……

请允许我再讲一遍肺腑之言：不是每个人都能做好零售。我的团队以及我服务的品牌足够大，共有10多万个代理，大家都会零售，但能把零售做好的人却是寥寥无几。因为很多微商，他真的不具备零售能力。想把零售做好，需要非常系统的培训，很长时期的实践，还需要他本人具有非常好的人缘，很高的情商，以及极大的耐性。大家也不妨看看自己，零售的话一天能卖多少？事实就是这样，但也并不可怕，我们没必要紧盯着不好做的微商零售，为什么不把更多的精力放在招商上呢？

这样说，并不是不尊重零售，更不是无视那些零售做得非常好的朋友。如果你擅长零售，我希望你能够在保持这方面优势的基础上，搞好自己的招商。我建议这类朋友可以多开点课程，内容就是讲微商怎么去做零售。把你的经验分享出来，让你的代理或者是意向代理，不断地学习复制，就会出现更多的你，这样你的团队也会越来越壮大。

2. 寻找对的人，挖掘对的心

我有一个朋友，此人好书成癖，工作是写书，爱好是读书，兴趣是买书……由于种种原因，前些年他过得不太好，也就是物质不太丰富。有一次我去他家，恰好赶上他爱人发脾气，说他既没钱又没情趣，还拿他的一个老乡作比较："你看看人家小王，虽说也没钱，但业余时间多丰富啊，没事就去钓鱼，至少还能改善改善生活……"朋友波澜不惊，回复道："我要的是改变命运，不是改善生活！"

我想绝大多数微商，也都是带着改变命运的想法，而不仅仅是赚点零花钱的心思加入微商的。但是，改变命运何其难也！尽管我们知道，梦想本来就是要穿过一段充满嘲笑和鄙视的荆棘，但遭遇拒绝，遭遇删除乃至拉黑，心情不好倒在其次，重要的是，它会让人不自觉地怀疑自己，怀疑微商这份事业。

其实完全没必要，我们前面讲过，既然微信有拉黑这个功能，那么人家拉黑你也罢，你拉黑别人也好，都很正常。同时我们必须认识到，不管微商多么红火，都不可能让全世界的人来做微商；而就算有更多的人不了解微商，不想做微商，甚至反感微商，只要微商还是合法的，那么终究会有人来做微商。

拒绝很正常，拉黑也很正常，我也经常遭遇拒绝或者拉黑，但它首先从侧面说明，我努力了，不努力去加好友，不努力和陌生人沟通，拒绝从何谈起？拉黑从何谈起？而从正面来看，我们固然遭遇了拒绝和拉黑，但同时也有不拒绝我们的人，非但不拉黑我们还对我们心怀感恩的人。坚持下去，总会遇到对的人，终究会越来越好。

另外，我们反复强调，要利用人性，要挖掘客户的潜在需求。我们不能上来就说潜在客户不是我们的菜，不能说对方对微商绝对不感兴趣，或许他们原本是我们的菜，是我们不懂他们的心，未能恰到好处地与之沟通，适时引导，才导致了资源流失也说不定。

以下是我在结合自身经验与其他微商大咖的招商经验基础上提炼出的一些招商逻辑，做微商的朋友们不妨一试。

梦想引导法

马云说："梦想总是要有的，万一实现了呢？"不可否认，大多数微商从业者起点都比较低，但我认识的一些微商起点并不低，他们都是捧着金饭碗兼职做微商的。用他们自己的话说就是，之所以这样，是因为不想过朝九晚五的一成不变的日子，不想被上司禁锢思想，不想被制度束缚手脚，不想拿每个月即使付出再多也是固定不变的那点儿工资，他们更渴望过一种可以主宰自己的时间、挣多挣少自己说了算的生活。对于那些尚未捧上金饭碗的人来说，这样的生活无疑更有吸引力。

鉴于此，我们可以通过多个问题，来激发出对方的梦想，并引导他将自己的梦想扩大且具体化，对自己的未来有一个迫切的期盼，从而加入我们的团队。

其问话逻辑一般是：

——你的梦想是什么？

——能不能更清晰一点？

——这个梦想很小哦，能再大一点吗？

——你自己能实现吗？你通过现在的生活方式和工作能实现吗？

——如果我能手把手地帮助你实现你的梦想，你愿意跟着我一起干吗？

抱怨放大法

柏杨说："别抱怨，抱怨还不如自行车胎漏气的声音有意义。"但人们总免不了抱怨，而且有些抱怨，我认为叫批判更恰当。所以，我们要试着理解那些抱怨的人，同时应该认识到，当人们对工作有抱怨的时候最容易换工作，当人们对合伙人有抱怨的时候会寻找其他合伙人。当我们遇到抱怨的人，不妨把抱怨作为杠杆，放大对方的抱怨，同时让对方认识到选择工作以及从事什么样的工作是自己的自由，不必受人控制，更不必在乎别人的目光，这样，对方会自己来衡量，是马上投身于你的团队，还是继续生活在抱怨中。

其沟通逻辑一般是：

——你现在这么厉害，对自己的工作很满意吧？

——哪里，好多不满意。

——你对工作这么不满意，考虑换工作吗？

——没有找到好的……

——你这个情况有多久了？

——好久好久，我都快受不了这种工作状态了。

——如果继续发展下去，会怎么样？

——我都快没有工作的激情了，收入也无法提高。

——那你准备什么时间换一份新的工作？

——现在……

情爱激励法

我经常问身边的微商朋友，问他们为什么要做微商。有些人回答得非常高大上，如梦想；有些人的回答却非常朴素：为了给孩子做个榜样，为了不让爱人更辛苦，为了多赚点钱寄给家里人……相较而言，后者其实更加高大上。爱是最伟大的东西，也是最伟大的力量，伟大到可以马上改变一个人的思想与行为。

对于那些尚未成家的人，你不妨跟他们说一句：为自己改变吧！对于那些已成家的人，特别是女性，一般来说，只要有人跟她说一句：为家庭改变吧！她们就会很容易加入对方的团队。

工作分析法

世界上的工作大致可分为三种：负累积性的工作，没有累积性的工作，正累积性的工作。

负累积性的工作，越做越失败，越做越难以提升，一切吃青春饭的职业，都属于此类工作，这类人士到了年龄关口必然会面临转行，如服务员、收银员、文员。在具体沟通时，如果对方还没到转行的年龄，是不是就没法谈下去了？错，你可以劝他提早转行，或者至少先做个兼职。

没有累积性的工作包括操作员、公务员、教师、化验员、司机等，他们的工资稳定但涨幅很慢，很多人都想过换职业、找项目，或者兼职做一些事情获取一些额外收入。跟他们聊一聊收入和买房、买车的距离，帮他们做一份残酷的分析，他们就彻底绝望了——只能选择换行业、换工作或者找一些兼职来做做了。

正累积性的工作除了作家、医生、官员，基本上就剩下自主创业一途了。移动互联网为我们提供了自主创业的完美渠道，加上现在是粉丝为王的年代，未来任何个人、企业，没有粉丝发展起来都会很困难，甚至会遭遇瓶颈。而通过移动互联网创业，做好个人品牌，积累好铁杆粉丝，粉丝积累得越多，我们的价值就越高，做微商也只有这样做，才是王道。

对于那些不满意当下的人来说，当我们把这份工作分析清单摆在他们面前时，对方还有什么可犹豫的呢？

3. 意向代理咨询销售实战

上文中，我们提供了几类招商话术，但它们一方面只举了泛泛的案例，二来它们都只针对一种情况，所以有必要提供一个更加复杂、更加全面的实战案例，从而让大家对招商话术有更深入的体会与理解。

（验证通过）

A：（开场白）你好，我是××项目负责人××，你是看了我们的招商广告咨询项目代理，对吧？

A：（主动提问）你之前做过微商吗？（回答只有两种，做过或是没做过）

A：（没做过微商的对话）没关系，做微商非常简单，只要你会使用微信，会玩手机就可以，我们这边的代理年龄上至四五十岁，下至十几岁。很多宝妈和学生现在都在做，而且做得都非常好，微商也是现在产品营销的趋势，利用零散时间赚取额外收入，谁都可以做。你如果想做我会手把手地教你，给你一对一的指导。

A：（再次提问了解对方）你现在是做什么工作的？我刚才看你的朋友圈，现在是全职妈妈，对吗？

A1：（举例说明）现在做微商的很多都是宝妈。好多宝妈之前对微商不了解，连朋友圈都不会发。现在做了3个月，每个月都能赚六七千块。做微商就是利用自己的空余时间，可以一边带宝宝一边赚钱，不影响生活，只会提高生活质量。

A2：（产品介入）我先把我们做的产品给你介绍一下，你感觉合适的话，然后再看下你想做什么级别的代理（介绍产品可以简单一些，因为平时朋友圈广告已经有体现，也可以让意向代理在后台公众账号查看相关产品详情，重点讲解产品运营模式）。

A3：（介绍）它是以珍珠美白为主的美容护理品牌，是国内专利化妆品最多的公司，拥有近100项专利技术，在国货化妆品中，一直被称为美白第一的化妆品。近年来，中国女性最多的美肤需求就是美白，不管是十几岁女生还是五六十岁的女性多多少少都会存在暗沉、色斑问题，所以我们的产品适用人群非常广。而且我们推崇的美白护理方式是外调内养，能够从根源解决女性的暗沉、色斑问题，并且产品的利润空间非常大。你是女性做起来会有很大的优势。而且我会给你进行一对一的培训和指导。

Q：（客户问）怎么代理产品？怎么加入？

A：嗯，咱们按照这个级别拿货就可以了，级别越高，你的利润空间就会越大。级别高的代理可以招级别低的代理，扩建自己的团队，增加产品销量。咱们最低的门槛，518元就可以拿代理，公司出具授权书给你，并且还送你一个授权店铺。初级门槛的利润空间是30%的盈利（说完发送代理级别表，看客户的反应继续补充）。518元是店长级别，倾向于自己使用或是初级微商人员，但如果想要快速发展的话，可以尝试更高的级别，当你具备了招店长的权限，做起来也会轻松一些。假如你每天能够成交3个零售客户，如果你能够把3个中的2个发展成你的代理，那么这2个代理，如果她们每天成交6个零售客户，或者是她们也招到了代理，那么你就不需要这么累了。只要把代理培养好，就OK了，这样说，亲能听明白吗？当然选择权还是在您自己手中。

Q：（客户担心的问题）我的微信好友很少……

A1：这个你不用担心，公司有系统带新人培训，非常专业，可以让你从微商入门到精通，别人学习两年的微商经验，在新人培训群，你两个月就可以全部学会，不仅会教你如何加精准客户，还会教你如何打造自己的朋友圈吸引潜在客户。后期你有了自己的代理和团队，公司还会指导你如何管理团队，扩大自己的团队。所以这些你不用担心，只要努力学习就可以。

A2：其实做微商不一定微信好友多才可以卖货卖得多，你的好友有几百人几千人，没有一款好的产品，没有好的团队来指导你，一样卖不好，对吧？其实我的好友也就几百人，我一个月的流水也有十来万，你加入后，我会教你怎么利用有限的资源去获取更大的利益。这些都是没有问题的。

Q：（客户提问）我不会做怎么办，而且比较笨？

A：其实微商很简单，没有你想象中的那么复杂。只要你会玩手机，会用微信就可以了。像很多代理都是宝妈，没有任何经验，培训后就很熟练，而且做得都很不错。刚刚提到了公司有系统培训官方群，我们还有内部团队学习群，学习的机会特别多，只要你愿意学习就一定没有问题，要对自己有信心，给自己一个发展的机会。我会点对点到教会你为止。

Q：（客户提问）产品卖不出去怎么办？

A：嗯，我这样说吧，如果两三套产品你都卖不出去，那你可能真的不适合做微商，也不适合做任何工作。公司不是只让你一个人去做，不是你收到货之后就可以撒手不管。你是和公司合作，你是公司的代理，只有你盈利了，公司才能长期地发展下去，你和公司是互惠互利的。你加入，我会给你经营方法，只要你认真学，照做就行。而且公司还有两个月包退货政策，所以要先往好的方面想，不要还没有开始就先否定自己。

Q：（客户想法）我可以先发朋友圈，卖了之后我再加入行吗？

A：我可以肯定地告诉你这样不行，我们每一位代理都是有级别授权书的，不是我们的代理，没有授权书，是没有货物可以卖的。我们想一个最差的效果，两三盒产品，都没有卖出去，只是自己使用了，虽然没有盈利，但你会发现自己变美了，也没什么吧？其实道理很简单，比如说你开了一家超市，店内只摆放了商品的图片，客人进店购买的时候，你再去上货，客户会等你吗？你自己都没有用过产品，都不知道产品是什么样的，即使你发了朋友圈，别人来咨询产品，你都不知道怎么回答，不知道产品的好与坏，自己的心里是没有底气的。那样以后你再发别的产品也是没有人来咨询的。

Q：（客户担心）产品的安全性有保障吗？

A：这个你是不用担心的，我们的资质证书是非常齐全的，是有女性产品相关的检测报告的。如果产品存在安全性问题，公司和产品广告就不会存在了（发送产品检测报告链接以及图片）。如果它存在安全性，能做到现在的48年吗？能多次蝉联国内美白第一的宝座吗？所以，完全可以放心品质问题（发产品海报及各大商场专柜图片）。

Q：我不太好意思发朋友圈。

A：首先，我们不只是在卖产品，我们是美丽的传播者。我们做的是一份和美丽相关的事业。请问你愿意说你不好意思赚钱吗？你不好意思美丽吗？

Q：我再考虑一下吧。

A1：（攻单）518 块钱，一件衣服的钱，一顿饭的钱，给自己一次机会，收获一份独立自主的事业。

A2：（攻单）518 块钱，还可以自用，给自己带来美丽。美丽是无价的。

Q：那好吧，希望能有个好结果。

A：（稳单）用心做，518 块钱虽然不多，但不是白来的。加入后，要多学多问，当作一份自己的事业去做，希望你能像其他的代理一样做两三个月就可以有个不错的收入。别人会的你也可以，要相信自己。我会用心教你的。

4. 裂变是思维，招商是技术

组建团队也罢，招商也好，听起来都很美丽，但实现起来并没有那么容易。谁不知道病毒式传播的妙处，谁不知道团队裂变的威力，谁不想拥有一个水泊梁山似的团队，问题是：怎样才能做到？

世上有太多事情，知易行难。知，有时候只需要一点点理解力就够了。行，不仅需要扎扎实实地去践行，还需要践行所必需的知识。举个简单的例子，我们写上几段话就可以把原子弹的理论阐释清楚，但理解了以后，又有几个人能真的制作出原子弹呢？

再打个比方，我们在某个水站买了一桶矿泉水，老板出于裂变营销的目的说："兄弟你帮我推广一下，给介绍几个客户。可以先把你的朋友们介绍过来购买。"出于礼貌，我们会答应，但实际上并不会那么做。为什么呢？首先，怕朋友误会我们在当中拿了回扣。其次，就算朋友不误会，我们怎么跟朋友讲呢？难道直接说"我那天在那个水站买了一桶水，喝着挺好的，你也去买一下"？

在这个例子中，不是我们不帮这位老板，而是我们没办法帮他。因为他没给我们工具，没给我们帮他实现裂变的武器。没有武器，我们拿什么冲锋？没有武器，裂变的循环便难以启动。

如果有了武器，情况就不一样了。还是上面的例子，我们去这个水站买了一桶水，老板给了我们3张体验券，然后告诉我们，可以送给朋友，只要拿着体验券过来就行。而我们也喝过了，确定这款水是好水，只要朋友拿着体验券过来，顺便报上我们的名字，就可以体验这款水的好坏，说白了就是得了些免费的利益。这个时候，我们把体验券给到朋友的概率是不是提升了？这样是不是就容易产生裂变？如果同样的裂变一直循环下去，就是一个原始的良性裂变过程。

所以，我们在招商过程中，一定要懂得借助工具来启动裂变，最终建立完整的移动互联网裂变式的传播体系，实现裂变式增长。

在具体实践中，不可能像上述案例所阐释的那么简单，所以相应的配套工作也就越多。一般来说，在招商过程中我们还要把握以下几个关键点：

了解你的用户

你真正了解你的用户吗？当你开始代理一款产品时，你最关心的是不是自己？关心自己没错，但不关心用户，绝对不对。不关心用户，你便不可能了解用户，不可能设身处地地站在用户的角度思考问题。举个简单的例子，你代理某款洗衣液，惯常认为，谁不得洗衣服啊，所以有些人见人就加，然后狂推，并且做起了裂变梦，满心期望用不了多久自己也能成为微商大咖，江湖中到处都是他的传说。但事实却是，类似洗衣液这样的东西表面看来人人得用，但真实的购买者却是女性，如果具体到微信用户，又以宝妈们居多。首先，她们是微信用户，比她们年长的很多中国大妈是不用微信的，她们什么时候会加入，那是以后的事；其次，她们乐于接受新鲜事物，对生活质量要求也较高，只要你代理的产品有些特色，她们就会天然地产生兴趣。可是，大妈们就不会那么想：洗洗衣服罢了，随便来袋洗衣粉！

如果你需要做地推，或者做线下沙龙，你还要考虑到宝妈们经常会出现在幼儿园、菜市场、超市、便民区、电影院等，尽管很多宝妈也上班，但你尽量还是别去写字楼发传单。

用户接触

安图坐在家里把微商做大的想法是不切实际的。不接触用户，无论是零售客户，还是潜在代理，事业都难以开展，难以起步。多和人接触，裂变才能启动，才能获取更多有效信息，甚至收获意外的惊喜。接触用户时，要明白无误但非常有技巧性地告诉他你能给他什么，你可以为他做什么。当他遇到困难的时候，不要泛泛地安慰，说声“坚持住，一切都会过去的”就好了，必须告诉他你的解决方案是什么。

数据分析

现在是大数据时代，必须通过数据在一定时间内的增长或者减少去改进现有的策略与服务，必要时还要向上级反映，以改进产品。数据分析方面，当数据在5%范围内上下波动时，属于可接受范围。团队领导除了要站在产品的角度思考分析数据，也要站在大运营的角度思考问题。在这里，大运营指的是客服、销售、小运营、市场、公关，包括整个团队运营成本。数据波动明显时，要不要进场都会成为问题。

线上撒网，线下钓鱼

一来为节约成本，二来为了利用互联网的便利性，微商招商必然少不了线上招商。

线上招商一般以太极的方式展开为宜，也就是说，为了招商的目的而进行培训，或者进行各类分享。在此过程中，应考虑来自四面八方的潜在微商代理的时差，如中国的新疆地区就比北京地区晚了 2 个小时，你这里都准备开课了，人家还没吃晚饭，怎么行？当然，订个合理并且统一的时间也是必需的。不可能因为一个人，而影响了一群人。

相关培训，一般采用微信群语音的形式，如果群比较多，可考虑采用先进的直播机器人，实现“一群直播，多群同步”的连锁转播效应。在培训过程中，不要一味地发语音，可以穿插发送些文字、图片、小视频，这些既是素材，也是听课人员发圈的素材。作为群讲师，一定要做足前期准备，并在宣讲时实时注意群里的反馈，积极与群员互动，达到效果最优化。

有条件的团队，可以制作视频或者采用直播的方式与在线粉丝分享知识，交流经验。这里，同样要做好足够的准备，由于会展现人物形象，而不仅仅是语音，所以必须在装扮上考虑一番。最重要的是，记得留好“小尾巴”，在结束的时候让大家添加你的联系方式或微信公众号。

除在线上定期进行大规模“撒网”外，还要随机地在线下“钓鱼”。尽管线下活动的时效性和成本不能与线上活动相比，但别忘了，只有在线下才有可能与客户进行面对面的最直接的交流。快速地沟通、快速地相互了解，是通过语音、文字都无法达到的，很多时候，一次成功的线下活动，可以做到在几分钟内促成交易，或启动裂变。毕竟，人们还是觉得“看得见、摸得着”更值得信赖。

5. 共赢，才能长久合作

首先问一个比较常见的问题：在和意向代理对话时，我们经常会被问到“我适合做什么级别呢?”，大家一般会怎样回答呢?

不管大家以前是怎么回答的，我建议大家以后不要回答了，要直接问回去。

问回去当然也是有技巧的。首先你要表现出并不是你想做我的代理我就一定要你，为什么？因为当你成为我的代理，我需要花大量的时间和精力去教你，去带你，为了避免我浪费时间，我必须问你几个问题，我要根据你的答案，先来了解你一下，顺便分析你适合做什么级别的代理。

1. 您的朋友圈有多少好友?
2. 您现在的职业是什么?
3. 您朋友圈里的好友都是哪类人?

为什么要问这些问题呢?

因为好友数量决定了他朋友圈里的潜在意向客户的数量，职业与好

友人群则有助于了解对方的消费水平和消费对象。

如果他是个微商，就需要再加一个问题：每月销售流水是多少？

这是为了根据他的月流水和能力，后期给他一些参考建议。

可以的话，还要根据其所代理的产品，或者我们所代理的产品，进行一些提问。例如，你以前接触过化妆品行业吗？懂护肤吗？你自己的皮肤怎么样？

就我们本节的核心内容而言，问这些林林总总的问题，归根结底是围绕着一个目的而问的，那就是让你的潜在代理知道或者感受到，你跟别的微商不一样，别人一门心思地让他拿货，想赚他的钱，你虽然也想赚钱，但你是一个负责任的人，不赚不道德的钱！

现在有不少微商，把微商做得变了味儿，几乎做成了传销，受其影响，很多微商在和意向代理谈判的时候，经常会走进一个误区，也就是当有人问你们这个品牌还招不招代理时，他先以前不见古人的速度回复一个“招”字，然后以后不见来者的速度把层级报价扔过去，并反复地劝对方试用购买产品，恨不得下一秒对方就成为他的代理。如果对方这样做了，他肯定会很开心。但很少有人会按照他的指挥棒走，因为他的做法让人不舒服。你都让人不舒服了，人家凭什么让你开心？

因此，我们要学会反其道而行之，尽管说到底做微商不可能不是为了赚钱，但一开始千万不要讲钱。要先去了解了解对方的情况，然后再做建议。聊得愉快了，他自己会问你应付给你多少费用，并尽快把钱转给你——谁不想抓紧时间赚钱呢？

资深微商，这时候会关注潜在代理的流水，然后根据他的状况问：“你想拿什么级别的代理呢？”先听听他自己的想法。否则，你推荐个稍低级别的，可人家本来想的是拿个较高级别的，一来从一开始就不太默契，二来也是自我的一种损失。而且我们前面讲过，做微商，难在零售，如果对方自己想做高级别的，你就由他去做，因为人家可能非常清楚微商行业，已经盘算过。你如果不让人家做高级别代理，他大可去代理别的产品。当然，看过我们前面相关的章节，相信不会再有人做出自作多情却彼此伤害的事情了。

如果对方是微商小白，回答时可参考以下话术，运用时记得随机应变，不要机械照搬。

我看了你的朋友圈，你的生活品质还不错，我认为你应该做×级代理。

如果他的朋友圈很有质量，可以直接让他做更高级的代理，当然也要看他的经济能力所能承受的范围，切不可打着爱他的旗号，把队员变成囤货的人。

我们反复强调，微信微信，无信不立。我们在前面也说过，招不来代理，主要是没找到对的人。但我们在这里必须补充，找到对的人之前，先找找自己！作为一个微商行业从业者，我对目前行业的乱象感到非常痛心，很多人，由于没有接触到正确系统的培训，反而受了一些歪门邪道的浸染，或者说他们抵挡不住诱惑，做了太多不该做的事。所以，我再次告诉所有有心、有志于从事微商行业的人：光明正大地做微商，不仅能赚钱，而且会走得更远，何必那么短视，那么急功近利，那么让人鄙视？

回过头来说，我们也不必从一开始就背上太多的心理负担，学习一些话术还是必要的，只要是基于共赢。比如当你问一个以前从事过微商但是业绩不太理想的潜在代理时，你可以首先问他："你以前系统地学习过微商吗？"90%的人都会回答"没有"，事实上也确实很少有团队能够系统、全面地讲解微营销知识。接下来再问流水，当他说出自己的额度时，如果不是实在少得可怜，你就可以尽量夸他，告诉他：“你在没有经过系统学习的情况下就能这样，天赋真的很好。再经过我们团队系统的培训后，一定会有非常大的进步。我以前刚开始时，没系统学习，流水还不如你呢！”

再如，对于那些意向代理，我们要适当地端着一点，假装自己很忙，不要他一问你问题，你便马上回复。一旦他认定你就是个闲人，他就会产生种种质疑。所以你可以跟他说：对不起，我刚才在给代理发货，我刚才在给代理上课，我刚才在接代理的电话，如此等等，暗示他自己的生意很好，你加入进来，要不了多久也会风生水起。

接下来就进入成交的节奏了。如果你已经向对方介绍了他适合做哪个级别的代理的话，你不必介意他接下来会怎么说，直接跟他要电话和地址，拿到电话和地址，再问他你用什么转——是支付宝还是微信，这是在暗示对方：第一，你已经是我的代理了；第二，你采用什么方式把钱支付过来，然后及早开始合作吧！

为什么要暗示？前面说过了，凡是涉及钱的事，太直接了，会让人不开心。给他两个答案，让他做个选择题，自主选择，而不是强行干预，这正是话术的妙处。

6. 如何增强队员的信心

在招商过程中，我们很容易发现，很多新伙伴都没有信心，至少是没有足够的信心。他们会翻来覆去地问："我能不能做好?""我能不能学会?""我能卖得出去吗?""我能不能赚钱?"……即便你告诉他，有些人起点更低，但照样做得很不错，他们也可能在自我否定的前提下，认为"别人做得到的我不一定做到"。遇到这种情况，作为团队的领袖，必须及时、明确地给予他们坚定的信心，让他们感觉到自己可以达到目标、实现梦想。

一般来说，增强团队成员的信心，可通过以下几种方式达成。

用事实说话

浪漫的理论适用于有情怀的人，更多的人还是喜欢基于现实。所谓"铁证如山"，事实摆在面前，由不得他不信。见证别人的成长是对自己最好的激励。举例来说，如果你本人做微商后比做之前经济状况有明显改善，那么你不用说什么，你的朋友、邻居们都会主动找你。所以，我的团队中每次有新人进来的时候，特别是那种同城的方便在线下聚会的新人进来的时候，我都会邀请优秀的代理分享他们在团队中的真实经历，“60后”的大叔有，“70后”的大姐有，“80后”的宝妈与“90后”的学妹都有，此外还有先前做建筑工人的、做厨师的、做直销的……总之，各种资质的人都有，每个人现在都是销售明星，但之前却都不太如意。我还会把相关录音和视频保存下来，分享给不方便同城聚会的新队员去听、去看，这些鲜活的事实记录的虽然只是一些团队成员的成长、改变和成就，但足以激励所有新人以及那些尚未成功的老成员，让他们知道在这样一个团队中，任何人通过努力都可以取得成功。

在团队较小的情况下，团队里也至少要有一个英雄，实在没有英雄就塑造英雄。例如，初期这个英雄可以是自己，也可以是自己的老师。我们需要树立一个样板，告诉大家，只要大家一起努力，大家都会成为英雄。当团队慢慢扩大时，要扶植更多的英雄。有人可能会想：他成为英雄后，跑了怎么办？对此，我们首先要胸怀宽广，心里光明。退一步讲，即使他成为英雄后，自立门户，在此之前他也有助于你在某个阶段快速成长，双方都有收获，这有什么不好？当然，最重要的是自己始终要“野蛮”成长，这样团队才会有凝聚力和向心力。

进行语言鼓励

谁都有不自信的时候，有时候，看似是鼓励别人，其实是相互鼓励。成功只是一种结果，而起点只是一种信念。人类能成为万物之灵，语言功不可没。语言能承载和传递我们的情感和状态，是建立亲和力和信赖感最快的途径。何况现在是互联网时代，即使团队成员远在天边，也可以采用电话或者微信、QQ语音的方式，尽情交流，频繁互动，让队员感受到我们的重视与关心，从而给他们以温暖和信心。

改变他的状态

人是有惰性的，也是有惯性的。任何一个状态，习惯了便会成为自然。我们不提倡每天打鸡血，那是自己骗自己，但长期保持原地踏步，会让人萎靡不振，会让团队毫无生气，甚至陷入僵局。因此，团队领导要引起足够注意，线下可以见面的成员，可以经常让大家唱唱歌、做做操、玩玩游戏、互相分享心得；不方便线下见面的，也要定期在微信或者微信群中发个红包，讲个笑话，分享些知识，调动、改变队员的情绪与状态。如果团队中有活跃分子，也可以借助他们的力量。

发挥他的优势

世界上从不缺少美，缺的是发现美的眼睛。每个人都有相对的优势与劣势，每个人在谈论自己的优势的时候，即使很谦虚，内心也是引以为荣的，他也必然是自信的。因此，当队员缺乏自信时，我们要尽可能地去寻找他们的亮点，谈论他们感到自豪的事情，从而迅速进入他的内心世界，消除其原本很紧张并且缺乏自信的情绪，让他认识到自己原来这么厉害，从而树立起自信，产生强大的信念。

把目标阶段化

并不是每个刚进入团队的人都能熟练掌握所有的知识与技巧，也并不是每个伙伴刚刚做微商就能充分挖掘自身的潜能，爆发最大的能量，在第一时间成就自己的梦想。梦想之所以谓之梦想，一定程度上就在于它高高在上，难以实现。而把宏大的梦想分解为无数可见可行又很接地气的小梦想或阶段性目标，一步步走下去，梦想非但不再那么吓人，而且变得触手可及，现实也就不再那么让人失落了。

行文至此，我们这本书已经到了该收尾的时候。有心的朋友可能会发现，我们这本书始于信心，几乎从开篇就在谈信心，行文过程中也在不断地谈信心，终了谈的还是信心。这并不是除信心外我们不会谈别的，而是说信心对做微商来说至关重要。事实上，没有信心，做什么都不可能取得成就。相对于信心，其余全都是配角。愿所有做微商的朋友，自始至终都保持满满的自信，走在成功的大道上。

◆微商分享课堂——一天赚五毛钱，我就坚持下去

我叫杨秀丽，是欧诗漫飞跃团队创始人。我做微商 3 年了，与此同时，我也跟病魔抗争了 3 年。微商不仅改变了我的命运，还给了我活下去的勇气。

我这样说一点都不夸张，因为我是一个肝硬化患者。3 年前，我被确诊为肝硬化晚期，而且已经到了腹水的程度。我的甲胎蛋白比常人高出 700 多个，我当时不懂什么是甲胎蛋白，当医生告诉我说那意味着我的肝里可能会有肿瘤时，我才真正体会到了什么是晴天霹雳！当时我傻傻地站在医生办公室里，手用力地把住桌角，生怕自己站不住。那年我才 35 岁啊！

医生说，你必须了解自己的病情，必须配合我们治疗，因为你太年轻了。那天，我都不知道自己是怎么从医院回到家的。一路上，我从来没有那样认真地看过公交车外的风景，我突然发现所有的一切都是那么美好，就连夕阳都显得那么美！我开始羡慕公交车上的所有人，孩子、老人，男人、女人、情侣，甚至羡慕公交车外路边的乞丐，这一切在别人看来都是太平常的事，可对于我来说也许都是奢求了！第二天当我的加强版 CT 结果出来后，连医生都激动得狠狠地拍了一下桌子说："太

好了，你的肝里没有肿瘤！”

可这并不代表我就没事了，因为很多人的甲胎蛋白高到 200 ~ 300 时就已经是肝癌了，我真的是个奇迹。医生建议我两年之内都不要工作，必须在家休养，还要一个星期打一针抗肿瘤的药。从那以后，家里就靠我老公一人，高昂的医药费对我们这样的普通家庭来说，真的是承担不起啊！那时，我感觉天都要塌下来了，每天状态都不好，心情非常低落，感觉自己真的是废人了，什么都做不了。

一个偶然的机会，一个朋友和我谈起了微商。我是个“70 后”，先前连微信、QQ 都不会。我对自己很没信心，后来朋友来家里手把手地教我，我的微商之路总算是开始了。不过，我刚刚接触微商时，就隐隐感觉到了微商将成为趋势。对于像我这样的病人来说，做微商就像抓住了救命稻草一样。我还能再赚钱，这是我之前想都不敢想的事。何况我还不用出门，躺在家里就可以赚钱，我感觉这就像天上掉馅饼似的。我当时的想法就是：哪怕一天让我赚一块钱，让我赚五毛钱，我都要坚持下去。以我当时的身体状态，哪怕一天能赚五毛钱，都是值得骄傲的，毕竟是自己努力赚来的啊！

但因为当时没有方法，不懂沟通技巧，业绩不可能好，自己也很苦恼。直到两年前遇到了欧诗漫，我的微商之路才算真正开始。加入到专业的团队，公司有专业的培训和无忧的退货制度。最重要的是，公司让我在最短时间内学会了怎么和顾客沟通，怎么加人，怎么管理团队。很快，我有了自己的团队，我的微商之路，不再是自己一个人独行！同时我也要承担起责任，带着我的伙伴们一起努力。

2015 年，公司邀请我们优秀市代去上海体育馆看了一场万人演唱会。那是我这辈子第一次见到明星，第一次看这么震撼的演唱会。那一晚，我激动得嗓子都喊哑了。如果没有欧诗漫，也许我这辈子都不会见到明星。身边的亲戚朋友都开始羡慕我，我整个人的状态也越来越好。我更加自信，病情越来越好。连医生都说奇迹发生在了我身上。只有我自己明白，我今天的一切都是欧诗漫给予的。

2016 年春天，公司邀请我们优秀市代去上海交通大学学习 EMBA，这是我人生中的又一个转折点。我是初中毕业，真的不敢想象我这辈子还有机会能进大学校园。学习那段时间，可以说是我这辈子最幸福的时光，我珍惜校园里的每一分、每一秒，当我拿到毕业证书时，心里真是感觉无比的自豪。

2016 年夏天，公司又邀请我们优秀代理去越南旅游。不过医生担心我的身体会过于疲劳，所以不建议我去。尽管我听从医生的嘱咐，没有去越南，但我已经很满足了。有这么给力的公司做后盾，可以让我放开手脚大干一场，我所有的医药费自己都能轻松赚回来。

2016 年 6 月，我用自己赚的钱在哈尔滨买了 160 万的商服，开了自己的欧诗漫微商工作室，家人、亲戚、朋友也全力支持我的欧诗漫微商事业。现在的我，不但皮肤好，身体恢复得也特别棒。我的主治医师一见我就说奇迹发生在了我身上，我的病例被他写成了论文。但我还是那句话：只有我自己知道，我今天的一切都是欧诗漫给予的！

如果没有欧诗漫，我不知道自己今天还能不能活在世上。是欧诗漫给了我自信，给了我活下去的勇气；是欧诗漫让我变成了一个懂护肤、能赚钱、经济独立的女人；是欧诗漫让我成为家里的顶梁柱；是欧诗漫改变了我的命运，给了我战胜病魔的勇气。因为遇到欧诗漫，我才会结识全国各地的小伙伴。我永远感恩欧诗漫，感恩飞跃团队每一位不离不弃、一直跟随我的伙伴，尤其感恩我的老大。

2017 年，我要更加努力，给自己定一个新目标，带着我的伙伴们一起把欧诗漫做大、做强！